결혼해도,
나답게
살겠습니다

결혼해도, 나답게 살겠습니다

초판 1쇄 인쇄 2018년 11월 15일
초판 1쇄 발행 2018년 11월 16일

지은이 · 장새롬(멋진롬)
발행인 · 강혜진
발행처 · 진서원
등록 · 제2012-000384호 2012년 12월 4일
주소 · (03938) 서울특별시 마포구 월드컵로 36길 18 삼라마이다스 1105호
대표전화 · (02) 3143-6353 / **팩스** · (02) 3143-6354
홈페이지 · www.jinswon.co.kr | **이메일** · service@jinswon.co.kr

책임편집 · 이다은 | **편집진행** · 이명애 | **기획편집부** · 김선유
표지 및 내지 디자인 · 디박스 | **인쇄** · 보광 | **마케팅** · 강성우

ISBN 979-11-86647-25-7 23320

진서원 도서번호 17002
값 14,400원

이 도서의 국립중앙도서관 출판예정도서목록(CIP)은 서지정보유통지원시스템 홈페이지(http://seoji.nl.go.kr)와 국가자료공동목록시스템(http://www.nl.go.kr/kolisnet)에서 이용하실 수 있습니다.(CIP제어번호: 2018032880)

결혼해도,
나답게
살겠습니다

글·그림 장새롬(멋진롬)

그래, 나는 단거리 선수다.

    결혼 전, 지역아동센터를 개소하기까지 근 1년을 야근으로 불태워 개소식을 했다. 몇날 며칠 공들여, 아동센터 운영에 꼭 필요한 기업 후원금을 받기 위해 서비스 제안서를 작성했다. 다행히 많은 기업이 후원에 동참해 주었고, 감사하게도 먼저 후원 제의를 해온 기업들도 있었다. 이제 나도 편하게 일할 수 있다! 대학에서 아동학을 전공하고 드디어 직장에서 자리도 잡았다!

하지만 딱 그때, 결혼을 하고 남편 직장 따라 서울을 떠나 이사를 해야 했다. 지역아동센터는 개소하고 자리를 잡기까지가 힘든 건데, 진짜 온 힘 다 쏟고 나니 일을 그만둬야 했다. 아까웠다. 그렇다고 결혼을 안 하거나 주말부부가 되는 건, 연애 8년 동안 한 달에 한 번 봐온 나와 남편에겐 가혹한 일이라 선택하지 않았다. 나보다 더 아이들을 잘 가르쳐주고 센터 운영도 잘할 선생님을 섭외했다. 그렇게 박수칠 때 떠나왔다.

결혼하고 임신하면서 블로그에 글을 쓰기 시작했다. 체험단 일도 시작했다. 컴퓨터로 작업할 수 있으니 체험단은 낯선 도시에서도 할 수 있는 일이었다. 체험단이 생겨난 지 얼마 안 된 때라 경쟁자도 많지 않았다. 몇 년 하다 보니 어떻게 글을 쓰고 어떻게 운영해야 체험단에 선정되는지, 노하우가 생겨서 꽤나 잘 선정되었다.

집에서 아이 키우는 내가 힘든 것처럼 외벌이 하는 남편도 힘들다. 신랑이 아침부터 저녁까지 일해 힘들게 벌어온 돈, 지켜주고 아껴줘야겠다는 생각이 들었다. 그때부터 살림을 줄이고 꼭 필요한 물건이 아니면 사지 않는 생활을 시작했다. 소비심리며 심플라이프에 관한 책을 열심히 읽고 하나씩 천천히 생활에 옮겼다. 그러다 보니 자연스레 돈 쓸 곳이 없어졌다.

심플라이프를 실천하기 시작하면서, 체험단으로 무분별하게 물건을 받아서 소비를 부추기는 글을 쓰는 것이 모순이라는 생각이 들었다. 그래서, 노하우가 아까웠지만 체험단을 중단했다. 그 이후로도 협찬한다는 메일이나 쪽지가 종종 오는데, 정말 필요한 것일 경우 가끔씩은 받을까 하는 유혹이 생기기도 한다. 하지만, 하지 않기로 마음먹은 이후로는 체험단을 하지 않고 있다.

대신 정해진 월급 안에서 생활하기 위해 절약에 관한 글을 쓰고 삶을 심플하게 정리하는 데 집중했다. 심플라이프가 우리나라에 막 소개된 시점에 알게 된 것이라 따로 참고할 만한 한국형 심플라이프는 없었다. 그렇게 나만의 방식으로 시작해, 내 삶에 녹아들 때쯤 언론에서 미니멀라이프를 집중 조명하기 시작했다. 내 첫 책인 《멋진롬 심플한 살림법》이 출판되었을 때는 미니멀라이프에 대한 관심이 절정에 올랐을 때다. 그래서 운 좋게 책이 잘 팔렸다. 겸하여, 블로그에 사람들이 더 많이 들어오는 계기도 되었다. 보통은 이렇게 한 분야가 잘된다 싶으면 이를 브랜드화해 온라인 카페도 만들고, 강의도 다닌다던데, 나는 또 실속 없이 아무것도 하지 않기로 했다. 내가 버릴 만큼 버리고 즐길 만큼 즐긴 심플라이프로 똑같은 이야기를 계속 하는 건 의미가 없다고 생각했다. 이미 책에서 내가 하고 싶은 이야기를 다 했으니, 미니멀라이프 관련 글 비중을 줄여갔다.

심플라이프로 살림을 비우니 청소시간도 줄고 쇼핑시간도 줄고 남는 것은 시간이었다. 마침 유아기가 된 아이들이 어린이집에 다니게 되면서 낮에 나만의 시간이 생겼다. 늘 일이 하고 싶었던 나는 동해에 책방을 열었다. 작은 책방이 지금처럼 많을 때도 아니고, 이 책방 저 책방 둘러보고 시작한 일도 아니니, 그야말로 맨땅에 헤딩이었다.

나름 열심히 했고, 책방을 좋아하고 응원해 준 사람도 많았다. 무엇보다 주부인 내게 나만의 공간이 생겨서 좋았다. 틈틈이 책방 풍경을 그림으로 남겼다. 짧은 시간이었지만 책방이라는 거점을 통해서 하고 싶은 것들을 반 이상 진행했고, 1년을 충실히 살았다. 내가 책방 하는 것을 보고 책방 하고 싶다고 찾아오신 분도, 메일 주신 분도 많았다(평소 자주 받던 질문을 모아 '멋진룸 FAQ'로 정리해 이 책에 실어두었다).

그러나 나는 책방을 정리해야 했다. 신랑 발령지 따라 또 다시 이사 가야 했으니까. 이번에도 난 선택의 기로에서 가족을 선택했다. 하지만 이런 상황이 계속되니까, 문득 의문이 생겼다. 내가 정말 실속이 없는 사람인 것인지, 시기적인 운이 없는 것인지, 금방 싫증을 내서 그만두는 것인지…. 나 자신에게 '너는 뭐냐?'라고 물어보았다.

억지로라도 꾸준히 해야 하는 게 있고, 그래야 진짜 전문가가 되는 건데, 나는 너무 단타였다. 시간이 쌓이는 힘을 무시할 수 없는 건데, 이러다가 정말 무슨 전문가입니다라는 말조차 할 수 없는 그런 사람이 되면 어쩌지? 나는 그냥 개척자의 길만 가는 데 적당한 사람인 걸까? 박수칠 때 과감히 떠나는 사람인 걸까? 내가 직접 겪어서 얻은 경험을 알려주고 뒤로 물러나, 그 노하우로 다른 사람 잘되는 것 보면서 좋아하는 사람인 걸까?

아니, 달리기에 장거리 선수와 단거리 선수가 있듯이, 나도 그런 것 아닐까? 세상에 꼭 뛰어난 장인만 있는 것도 아니고, 마라톤 선수만 필요한 것도 아니니까.

그래, 나란 사람은 단거리 선수인 거다. 순간 에너지를 마구마구 쏟아내는 사람. 세상엔 나처럼 단타형도 있고, 진득하니 한길을 가는 사람도 있다. 그러니까 세상이 유지되면서 변화도 있는 것이라고 스스로를 다독인다.

어떤 때는 왜 한 가지를 오래오래 못하는 걸까 자책이 들지만, 그게 왜? 다 이루었다 싶으면 떠나도 되는 거잖아. 결혼 전 다니던 직장도, 책방도, 이렇게 짐을 싸고 떠날 때마다 후회 없이 불태웠다는 생각에 훌훌 털어낼 수 있었다. 이런 경험이 모여 40대, 50대 내가 정말 큰 사람이 될지도?

나의 단거리 레이스는 여전히 진행 중이다. 이번 레이스가 끝나면 세번째 책, 세번째 출산이 다시 채워지겠지.

내 자존감의 근원이신 하나님, 나답게 살 수 있도록 키워주신 부모님, 서로 이해하며 살기 위해 애쓰는 남편, 아이들, 모두에게 감사합니다.

차
례

2부　◦　**어느 날, 책방 주인 ② 봄과 여름**　◦

가게를 처음 내려는 주부에게 해주고 싶은 말은?

가게를 냈는데 돈은 안 벌리고… 슬럼프 어떻게 극복하나요?

3부 ∘ **다시, 육아** ∘

4부 ∘ **그렇게, 비밀책 프로젝트** ∘

1부

어느 날, 책방 주인
① 가을과 겨울

아ㅡ입이 근질거려 말해야겠어

작은 책방을 엽니다!

새로운 꿈이 생겼다는 글에
북카페를 열 것 같다는 댓글이 많았는데,
북카페는 아니고 책과 연결된…

책방을 시작합니다!

책+음료까지 팔면 저 힘들어요~
이웃님들 오시면 따뜻한 차를 드릴게요.

다행이네요.
북카페 의견이 많은 걸 보니 제가 생뚱맞은 가게를 여는 것
은 아니네요. 다행.:)

시작했다

정강이에 혹이 났다. 부딪쳐서 난 줄 알았다. 한 달이 다 되도록 가라앉지 않고 아팠다. 시간이 없어서 미루다가 신랑 쉬는 날, 어린이집에 다니지 않는 아기를 신랑에게 맡기고 정형외과에 가서 엑스레이를 찍었다.

처음에는 "그냥 부딪친 거예요" 하던 의사가 사진을 보더니 큰 병원에 가보라고 했다. MRI를 찍어야 혹이 정확히 어떤 것인지 안다고. 뼈 위에 혹이 생겼고 10cm 정도라고. 별거 아닐 테지만 그래도 큰 병원 가서 확인은 해보라고. 그래, 별일 아닐 거야 생각하면서도 기분은 안 좋았다. 무섭기도 했고….

그날, 출판사 편집장을 만나 앞으로 뭐 하고 살고 싶은지 인생 이야기를 나누고 돌아왔다. 그리고 마음속에 품고 있던 '서점'을 꼭 해야겠다고 결심했다.

질병 따위에 내 정신을 쏟고 싶지 않다. 분명 별일 아닐 거야. 그래도 사람이란 아픔, 고통, 두려움에 정신을 쏟기 마련이다.

신랑한테 이야기했다.

"그냥 책방 할래. 자기 발령 나서 이사 가야 할 수도 있겠지만, 그건 그때 생각하고 지금은 해야겠어."

"그래 해."

"나 만약에 이 혹이 암이라고 해도 책방 할 거야."

"그래. 그런 일이 생긴다면 더더욱 해야지."

그렇다. 혹시 내가 많이 아프더라도 나는 더 즐겁게, 신나게, 열심히, 내가 하고 싶은 일을 할 것이다. 아니, 그보다 내가 아프기 전에 더 열심히, 더 신나게, 재깍재깍 할 것이다. 건강할 때! 그러니까 아프나 안 아프나 늙으나 안 늙으나 지금 해야 되는 일은 지금 하는 게 맞다. 언젠가 말고 지금.

다행히 큰 병은 아니었다. 갑작스러운 격한 걷기 운동으로 온 골절이었다. 정강이의 혹 덕분에 난 5년간의 집육아를 끝내고, 마음속에 품고만 있던 동네 책방을 열게 되었다.

서비스직?

가게를 해본 적이 없다. 아르바이트도 서비스직은 해본 적이 없다. 원체 말도 없는 스타일이다. 그래서 좀 두려웠다. 그래서 그냥 내 스타일대로 가기로 했다.

손님으로 간 가게에서 내가 질문했을 때 답해 주는 건 좋지만, 옆에서 이거 사세요, 저거 사세요, 또는 이거 좋아요 말하고 눈으로 주시하고 있는 가게는 개인적으로 별로다.

천천히 내가 생각하고 느껴서 사고 싶은데 그렇게 과하게 나오면 그 친절이 부담스러워서 다시 방문하는 게 주저된다. 물론 가게는 친절해야 하지만, 난 판매직에 적합한 성격이 아니다. 내가 책을 추천했다가 상대방의 스타일과 안 맞으면 어쩌나. 나는 좋아서 열심히 설명했는데, 상대방 스타일이 아니면? 그럼 상대방도 거절하기 미안하고, 나도 민망하다. 내가 설명을 잘해서 그 책을 구입한다고 해도, 그 사람이 정말 그 책을 소중히 여길까?

가게 사장님의 입담에 넘어가 구입한 제품, 나중에 뭔가 속은 느낌을 받으면 억울하다. 그래서 그냥 조용히 천천히 책을 둘러보고 읽어볼 수 있도록 의자를 마련하고, 조용한 시간을 배려해 주기로 했다.

굳이 책방인 이유

결혼 전엔 서점에서 조용히 시간을 보내고, 새로 나온 책을 둘러보는 즐거움이 있었다.

그런데 강원도 동해시로 이사를 오니 대형서점이 없다는 것이 답답했다. 백화점, 쇼핑타운이 없는 것은 살림 비우기를 하면서 살 것이 많이 없어져 견딜 만했지만, 서점에서 새 책의 동향을 살피고, 인터넷서점에서 얻을 수 없는 손으로 만져보며 책을 고르는 재미를 누릴 수 없어졌다. 책을 직접 만질 수 있는 곳은 대형마트 책 코너가 유일했기 때문에 그 작은 공간에서 몇 시간을 보내곤 했다. 동네 서점에 가도 문제집들로 가득하고, 베스트셀러 몇 권만 있어 결국 아쉬운 사람이 우물을 파는 상황이 된 것이다.

그렇게 내 욕구를 충족시키기 위해서 책방을 꾸리기로 했다.

여행 갈 때 책 한 권씩 들고 가는 내 습관도 책방을 열기로 결심한 이유 중 하나다.

책을 못 챙긴 날은 공항 서점에서 책을 사서 출발하고, 여행지를 돌아다니면서 서점은 빼놓지 않고 들렀다. 외국어로 된 책을 읽지는 못할지라도 그냥 그곳 서점은 어떤 느낌인지, 어떤 책이 나오는지 둘러보는 게 나만의 여행코스였다.

유럽 여행 중에는 짐이 무거워 낑낑대면서도 루브르박물관의 작품집 2권을 이고 지고 다녔다. 이탈리아에서는 영어로 된 오페라의 유령 책을 샀고, 태국 여행에서 돌아오면서는 공항에서 《죽기 전에 해야 할 일 100가지》 체크리스트 책을 샀다.

나는 여행과 책이 아주 잘 어울린다고 생각한다. 누가 여행할 때 책을 읽냐며, 안 어울린다고 말할 수도 있겠지만 나는 그렇게 생각한다. 분명 나와 같은 생각을 하는 사람이 있으리라.

만약 동해로 여행 왔는데 깜빡 책을 안 들고 온 분이 있다면, 우리 가게에 들러 책 한 권 들고 바닷가 카페에서 책을 읽는 여유를 누려보시길 추천한다. 여기저기 둘러보느라 숨가쁜 여행도 좋지만, 때로는 숨가쁜 일상에서 벗어나 새로운 그곳에서 조용히 사색하는 여행의 맛도 좋으니까.

필름카메라의 가배움,
바로 확인 할수 없어서
조금함을 버려 놓는 점,
내 성별과 꼭 닮음 :)

다른 독립서점은 어때?

처음 서점을 열기로 했을 때 수도권을 중심으로 동네 작은 책방들이 생기고 있었다. 블로그를 통해 간접적으로 살펴보았다. 정말로 많은 프로그램들이 진행되고 있었고, 나름의 개성들이 있었다. 독립서점 관련한 책들도 출판되고 있었다.

이전 책을 쓸 때, 난 관련 주제의 책들을 멀리했다. 이번에도 다른 서점 이야기를 멀리하기로 했다. 혹시나 내가 그들의 아이템, 스타일을 따라하는 코스프레를 할까봐.

사람 마음이 남들이 먼저 한 것 따라하고 싶고, 그러면 편하다. 하지만 남들 하는 것, 좋다는 것 다 따라하면 내가 아닌 '멋쟁이 까마귀'(까마귀가 멋지게 보이려고 다른 새들 깃털을 다 모아서 붙였다는 이솝우화)가 될 테니 경계하기로 했다.

처음이라 부족하고 어설퍼도 나다운 것이 가장 아름답다고 생각하며 부족함을 합리화한다.

책방이름

세련되고, 심플하고, 있어 보이는 이름을 지으려고 수없이 생각을 했다. 영어는 빼고, 오글거리는 것 빼고, 너무 추상적인 것 빼고, 안 좋아하는 걸 빼다 보니 단순한 이름이 나왔다. 참 단순하다.

내가 블로그에서 사용하는 닉네임도 단순하게 지어졌다. 처음 블로그 시작할 때 타이틀이 '멋진 여자, 멋진 아내, 멋

진 엄마'였다. 멋지게 역할들을 감당하며 살고 싶어서였는
데, 닉네임도 '멋진' + '새롬'을 합쳐서 '멋진롬'이다.

단순한 조합.

책방 작명도 역시 그러하다. '동쪽바다 책방,' 내가 책방을
하고 싶은 곳은 서해도 남해도 아니고 동쪽에 있는 바다니
까 붙인 이름이다. 내 성격같이 꾸밈이 없어서 촌스럽지만
그래서 나다운 이름이다.

마지막에 쉼표를 넣은 이유는 쉼이라는 뜻도 좋고, '책방,'
뒤에 여행, 휴식, 글, 여유 등 무엇이든지 붙일 수 있어서다.
책방에서 책만 읽는 것이 아니라 책방은 내 꿈의 장소니까
다른 요소들을 연결해 나갈 여지를 남겨두었다.

책방 출근길에 차에서 들은 라디오 사연이 좋았다.

사연 : 지나가는 자동차 불빛만 봐도 너무 아름다워요.
DJ : 그래요. 그게 사랑에 빠진 거예요.

꼭 사람과 사랑에 빠져야만 온 세상이 아름다워 보이는
건 아니라는 생각이 들었다. 새롭게 시작한 일과도 사랑에

빠질 수 있나 보다. 삶이 이렇게나 활기차지고, 즐거워진 걸 보면 말이다.

나는 매일 여행하듯, 책방으로 출근하고 있다. 앞으로 서점 하면서 힘든 일도 있을 것이다. 육아와 살림이 버거워지거나, 일이 힘들어지거나, 뭐 등등. 하지만 그래도 지금 이 순간 좋은 책을 내가 먼저 읽어볼 수 있다는 것이 어찌나 감사한지….

"비행기를 타는 게 여행이 아니에요.
여행은 마음이 울컥하는 거예요.
바로 옆 동네일지라도 그곳이 당신의 가슴을 뛰게 했다면, 그건
여행이에요."

— 슬구, 《우물 밖 여고생》 중에서

희망이란 건 엄마가 되어서도 이룰 수 있다

책방을 해야지 마음의 결정을 했을 때는 둘째아들이 어린
이집에 다니지 않을 때였다. 낮 동안에는 덜컥 계약한 책방
자리에 최소한의 인테리어를 하겠다고 발품 팔며 다니고,
저녁에는 육아와 살림을 했다. 그러다 한 번씩 멍해졌다.

내가 지금 무슨 짓을 한 거야? 자영업은 해본 적도 없고,
예산은 적어서 자잘하게 손봐야 할 것은 많은 이 난망한 상

황을 내가 벌여놓은 것인가? 허허허…. 웃다가 정신 차리다가 그랬다.

준비 과정은 무시하고 그냥 도착지점에 닿아 있고 싶어 하는 나에게 신랑이 이런 말을 해주었다.

"고등학생 때 자전거 하이킹을 다녔어. 그런데 하이킹을 가려면 돈이 필요해. 그래서 여름방학 되기 세 달 전부터 밤에 아르바이트를 했지. 더 많은 시급을 받기 위해서라도 사장님께 싹싹하게, 업무도 척척 해야 했어. 밤에 일하는 게 힘들었어. 하지만 참았지. 그리고 하이킹을 떠나는 날, 너무 행복했어. 자전거 타고 남쪽으로 내려가서 호남평야를 봤을 때, 벼가 춤을 추던 그 광경. 잊지 못해. 그 짜릿함을 위해 약간의 번거로움은 참아야지. 당신 조금만 더 참고 준비하면 정말 황홀할 거야."

그래, 힘들고 번거로운 과정이 있어야 도착했을 때 더 뿌듯하고 즐거울 거다. 대학생 때 학기 중에 틈틈이 알바해서 모은 돈으로 방학 때 배낭여행 가면 꿀맛이었다. 집에서 돈 다 대줘서 여행 온 여행객은 그저 쉽게 누리다 가겠지만, 나는 준비하는 과정부터 땀과 열정을 들여서인지, 여행지에서 그 순간을 누릴 때 더 값지고 소중했다. '그래, 이렇게 정신없이 준비하는 시간도 추억이 될 거야'라고 생각하며 책방을 만들어간다.

시골 마을, 바닷가 마을, 어르신들, 토박이들이 많은 시장의 변두리 가게에서 페인트칠을 하면서 지나가는 사람들을 마주하며, 순간순간이 참 영화 같다는 생각이 든다. 복잡하고 시끄러운 서울에서 살며 보냈던 기억은 과거가 되어버리고 지금 이곳이 현실이 되어 있는 나에게, 동네 주민들이 서점은 안 되지 않겠냐며 툭툭 던지는 질문이 싫지 않다. 사람 사는 것 같은 이 느낌.

〈빵과 수프, 고양이와 함께하기 좋은 날〉이란 영화 속 주인공이 주변에서 걱정해 주며 뭐라고 해도 그저 조용히 자신의 길을 갔던 것처럼, 나도 조용히 나의 길을 가련다.

작은 책방, 사람들이 하나같이 장사 안 될 거라 말하고 나도 어느 정도 예상은 하지만 이미 시작한걸.

무모함이 없었다면 언젠가로 그쳤을 이 행복을 무모함 덕분에 누리니 좀 서툴러도, 어설퍼도, 빈틈이 있어도, 그래도 좋다. 책방 하는 걸 보고 누군가 말했다.

"희망이란 건 엄마가 되어서도 이룰 수 있는 거군요."

전업주부, 엄마라는 이름 때문에 포기하지 말자고 말하고 싶다. 행동이 없는 말은 이론서에도 많으니까 굳이 나까지 주절주절해 봐야 무슨 소용이겠나. 그냥 삶으로 말하고 싶어서 열심히 책방을 운영하고, 글을 쓴다. 주부에게 나만의 공간이 생긴다는 것, 그 한 가지만으로도 행복하다.

생체리듬 적응기

결혼 후 살림과 육아만 하던 여자에서 매일 어디론가 출근을 해야 한다는 것은 생체리듬도 바뀌어야 하고 가족들도 적응해야 하는 일이다. 육아, 살림도 벅차서 맞벌이, 워킹맘의 길을 가지 않았던 나다.

그런데 살림을 비우고 시간이 여유로워지자 나도 내 일을 하고 싶어졌다. 이제는 할 수 있을 것 같았다. 벅차서 허덕이지 않고 슬렁슬렁.

때가 되었다는 생각이 들자, 뒤도 안 돌아보고 앞만 보고 장소를 계약했다. 그리고 자영업이라는 것이 생각보다 자잘한 일들이 많다는 것을 알게 되었다. 사실, 마음만 먹으면 빠르게 오픈할 수도 있었다. 손대자면 한도 끝도 없는 인테리어는, 셀프로 하얀 페인트만 칠하고 낡은 느낌 그대로 오픈하기로 했으니 시간이 오래 걸리진 않았다. 책도 많이 입고하는 게 아니니까 그럭저럭 부지런 떨면 오픈 일정을 앞당길 수 있을 터였다. 하지만 내 몸과 가족이 적응하는 시간을 두어야 했다.

책방 영업시간을 오전 10시에서 오후 4시까지로 정한 뒤로는 아직 오픈하지 않았음에도 10시에 출근해서 4시에 퇴근하는 생활을 이어갔다. 남편은 이런 나에게 오픈도 안 했는데 벌써부터 가 있냐고 놀렸지만, 내 몸이 새로운 패턴에 익숙해지는 데 시간이 걸린다는 걸 알기에 워밍업 시간을 가졌다.

집에서 자유롭게 지내다가 갑자기 어린이집에 간 둘째아이가 피곤해하듯이, 나도 갑자기 정해진 시간에 출근해서 지내자니 몸이 피곤했다. 둘째아들과 나는 밤에 깊은 잠이 들었다. 이렇게 내 몸은 오전에 살림, 낮시간에 책방, 오후에 가정에 적응해 갔다. 무턱대고 일을 시작해서 가정에도 일에도 지쳐서 나동그라지고 싶지 않았다.

내 몸도 사랑하고, 가족도 사랑하는 마음으로 천천히 오픈을 준비했다. 엄마, 아내, 주부 역할로 지내다가 새로 일을 시작해 가족이 함께 적응하려면 서로 지치고 싸우게 될 수도 있겠다는 생각이 들었다. 가족 모두에게 서서히 적응하는 시간을 마련해 주고 싶었다. 과부하 걸리지 않게, 서서히 생체리듬이 적응할 시간을 가졌다.

한 달쯤 지나자 몸이 서서히 영업시간에 익숙해졌다. 비록 간소해지긴 했으되 전보다 뚝딱뚝딱 요리하고 있는 나를 보았고, 청소는 오전에 끝이 났고, 오후에는 저녁 준비하고 아이들과 함께 놀고 잠을 잤다. 몸에서 '이제 적응되었어~'라고 신호를 보내서 오픈날짜를 정했다.

이제 내가 적응해야 할 것은 책방에서 사람들을 만나는 일이다. 서비스직이나 영업직은 해본 적이 없다. 내가 해온 일은 교수님 조교, 사회복지 자원을 나눠주는 사업, 어린이집 교사, 지역아동센터 운영, 그리고 글 쓰는 일이다. 영업과 연결되는 판매 일은 처음이고, 많은 사람을 만나면 에너지가 소진되는 기질이어서 두려움이 조금 있지만 이 또한 내 삶에 낯설고도 자양분이 되는 경험이 될 거라 믿는다.

> "자기 안에 잠자고 있는 창의성을 깨우려면 불편한 일, 해보지 않은 일, 잘 못하는 일. 위험을 감수해야 하는 일에 뛰어들어야 해요. 편한 게 늘 좋은 건 아니랍니다. 편안함 안에서는 세상을 보는 다른 관점을 얻을 수가 없어요."
>
> — 최혜진, 《유럽의 그림책 작가들에게 묻다》 중에서

실패하면서 배우는 책 고르기

　　서점에 입고할 책을 고르며, 내가 책을 좋아하는 사람인 걸 깨닫고 있다. 고등학교 문학시간에 소설 《고등어》를 읽다가 엎드려서 펑펑 울었던 기억, 소리 내면 혼날까봐 힘들게 울음을 삼켰던 시간들, 책을 좋아하는 작은엄마의 서재가 탐났던 마음, 책을 읽으며 잠들었던 시간, 대학생 때 틈만 나면 도서관에 가서 소설이며 자기개발서 등을 닥치는 대로 읽고 등하교 길에 책과 함께했던 시간들, 지하철에서 책 읽는 시간이 꿀맛이라 장거리 이동이 감사했던 기억, 결혼하면서 짐을 몇 차례 나눠서 옮겼는데 책만 하루 걸려 따로 옮긴 것 등을 생각하니… 나는 책을 좋아하는 사람이었다.

 책은 매번 나 자신과 잘 맞는 것만 구입할 순 없다. 젊었을 때는 편견이 적어서(?) 오히려 거의 모든 책이 재미있었다. 나와는 전혀 상관없는 영역과 분야의 책들도 확확 흡수했다. 아이들이 모든 세계를 편견 없이 흡수하듯이 책을 읽었다. 그런데 이제 머리가 좀 컸다고 따진다. 어쨌든 내 취향이 생긴 거다.

 하지만 책방에 입고할 책을 고르기 위해 평소 내 취향이 아닌 책을 읽다 보니 예상외의 책들을 발견하게 된다. 기대 안 했는데 좋은 책도 있고, 남들이 좋다고 해서 무턱대고 읽기 시작했는데 몇 쪽 읽어지지 않는 책도 있다.

 책 고르는 데 거듭 실패를 하고 있지만, 이 또한 책방 주인이 되는 과정이겠거니 받아들인다. 안 맞는 책도 읽어봐야 내 성향이 명확해지고, 맞지 않는 책에 시도하는 횟수가 늘어나다 보면 그만큼 성공률(나에게 맞는 책 찾기)도 높아진다.

책은 직접 보고 사야 한다. 그래야 내가 스스로 선택해서, 스스로 사고하는 독서가 된다. 펼쳐보고, 읽어보고 사야 실패율이 낮아진다. 실패하더라도 내가 시도해서 실패한 것과 인터넷 광고에 이끌려 산 실패는 깨달음의 폭이 다르다. 직접 보고 구입할 수 있는 오프라인 서점이 나에게 소중한 이유다.

하지만 대형서점은 대도시에 몰려 있다. 작은 도시의 서점들은 주로 문제집을 팔고, 베스트셀러 몇 권만 가져다놓는다. 대형서점에서도 취급하는 책들은 작은 서점에선 잘 팔리지 않으니 어쩔 수 없다.

요즘 많이 생기는 작은 서점들은 '독립출판' 위주의 위탁판매를 하는 경우가 많다. 리스크가 적은 시스템으로 운영하는 것인데, 서점 운영을 위해선 그럴 수밖에 없다. 독립출판물과 일반출판물이 조화롭게 소개되는 동네 서점이 곳곳에 많아져야 한다. 동네 서점을 꾸준히 이용하는 것은 당장은 할인을 받을 수 없으니 손해 같지만 결과적으로는 내가 책을 편하게 보고 고를 수 있는 루트를 지켜내는 나를 위한 투자다.

　동네 서점이 많아지고 쭉 유지되려면 우리가 동네 서점에서 많이 사줘야 한다. 책방지기가 되고 나서, 다른 지역의 서점에 들르게 되면 되도록 책을 한아름 사오려고 한다. 내 서점에 입고할 수도 있지만, 서점 주인으로서 동병상련의 마음이랄까, 이 지역에도 서점이 오래 있어주길 바라면서 그 서점에서 추천하는 책은 그곳에서 산다.

　책방을 하면서 동네 서점에 더 감사하게 되었으니 사람이 그 위치에 가봐야 그 마음을 이해하게 되는구나 싶다.

　얼마나 많은 경험을 하며 살아야 마음이 더 넓어질까.

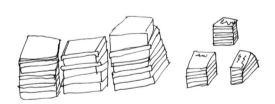

책방 위치에 대하여

이 공간이 좋아서 다른 곳을 더 둘러보지 않고 바로 계약했다.

이따금 기차 지나가는 것을 볼 수 있고, 창문이 두 면으로 크게 나 있어서 답답하지 않다. 무엇보다 복잡하지 않은 동네라서 조용하다. 나에게 딱 맞는 곳이다.

하지만 유동인구가 없다!

동해시는 인구가 적다. 게다가 여긴 시내도 아닌 바닷가 인근 시장이다. 시장에서도 변두리다. 찾다가 못 찾고 돌아가는 사람도 많다. 최근까지 간판도 없었고, 다른 돌출간판들에 책방이 가려져 있다. 책방 앞은 도로변인데 그나마 지나가는 분들은 대부분 할머니, 할아버지다.

가게를 구할 때는 유동인구부터 파악해야 한다는, 사람들이 지나가면서 한눈에 알아보고 쉽게 들어올 수 있는 곳이어야 한다는 공식을 무시하고 나는 이곳에 있다(그래서 이렇게 장사가 안 되나?). 그래도 덕분에 오고 싶은 분들만 찾아온다. 유동인구가 많은 곳에 있었다면 계속해서 사람들이 드나들었을 테고, 그러면서 우리 서점의 특성을 모르니 불만도 있었을 것이다.

책은 특히, 호불호가 갈리기 때문에 단순히 관광지가 되어서는 구매로 이어지기 어렵다. 그래서 이곳의 책이 좋아서 일부러 찾아오는 손님들이 감사하다.

관광업 하시는 분이 책방을 관광코스로 소개한다고 했을 때 하지 말아달라 했다. 지역 카페에 홍보해 준다는 사람들에게도 일부러는 소개하지 말아달라고 했다. 천천히 가도 조용히 입소문을 타고, 책을 좋아하는 사람이 그 소문을 귀담아듣고 꼭 한번 가보고 싶은 곳이 되길 바랐기 때문이다. 한번 반짝하고 끝나는 곳이 아니라, 개업발이 아니라, 지나가는 말로 "거기 책방이 있더라"라고 전해지는 이야기를 기억했다가 정말 오고 싶은 사람이 오는 곳이 되길 바란다. 호기심에 들어오는 것도 감사하지만, 그 비중이 너무 높으면 주인은 지친다. 마음에 드는 책이 없어서 구입하지 않고 나가는 것과는 다르다.

이런 내 고집을 알아주셨는지 책을 좋아하는 회사 동료들의 소문을 듣고 오기도 하고, 시장의 젊은 상인들이 오기도 한다. 대관령에서 오신 손님은 미용실에 갔다가 동해에 서점이 생겼다는 말을 듣고 찾아왔다고 하셨다.

이렇게 두번 세번 오고 가다 보면 구매로 이어지고, 온라인에 사진도 올려주시니 자연스럽게 홍보가 된다. 무조건 사람 많이 끌어들이기 위해서 홍보에 치중하다 보면 나만의 색깔을 잃게 되니까 지금이 딱 좋다. 궁금해서 지나가다 들르는 사람 2, 일부러 찾아오는 사람 8, 말하자면 2 : 8의 비율이다.

우리 책방은 원해서 일부러 찾아오는 분이 많아 다행히 구매율도 높다. 장사하는 사람에겐 손님 100명이 왔다 가면서 10명이 구입하는 것보다 10명이 와서 8명이 구입하는 것이 더 낫다. 장사하는 사람의 정신적 육체적 에너지를 아낄 수 있으니….

이것이 찾아오기 불편한 가게 위치의 좋은 점이다.

불편한 가게 위치를 극복하기 위해서는 역시, 책방의 개성과 정체성을 찾아가는 것이 필요할 터, 난 이런 고민을 하는 편이 편하다.

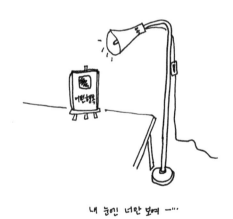

내 눈엔 너만 보여 ─'''
- 스텐드 ─

나답게 하는 게 맞아

돈을 적게 들이고 만든 책방이다. 보증금과 책 입고 비용 빼고 인테리어나 기타 준비비로는 300만원도 안 들었다.

돈을 들이면 더 예쁜 가게로 꾸밀 수 있을 거다. 동네 카페만 가도 세련되고 예쁜 카페가 참 많다. 나도 저렇게 세련된, 좋은 가구로 인테리어를 해야 할까? 했어야 했나? 사람들은 공간의 매력 때문에 그곳에 가게 되는데, 나도 그래야 할까? 하지만 보유한 현금도 없을뿐더러 돈 끌어다가 세련된 인테리어 하고 싶지도 않았다. 내추럴한 인테리어라고 말하지만 그 내추럴을 연출하기 위해서 또 비용이 들어가기 마련이다. 유행하는 아이템으로 도배하게 되면 결국 개성은 없어지고 단순히 예쁜 곳으로만 남을 거다.

내가 쓴 심플라이프에 대한 책도, 아이 놀이법도 완벽하지 않았다. 그냥 멋진롬 수준 그대로다. 역시, 난 그냥 이렇게 살아야겠다. 어설프고, 촌스럽고, 세련되지 않지만 그래서 더 편안한 인테리어와 디자인으로 책방을 꾸려갈 거다.

어설픈 페인트칠, 자연에서 주워다가 꾸민 소소함, 저렴한 책장 조립하고, 중고가구 사와서 닦아서 쓰는 나만의 매력. 까마귀는 까맣기 때문에 매력 있어.

세상에 돈이면 다 된다지만, 이 책방은 돈이 아닌 자연스러움으로 채워서 매력 있다. 화려한 건물과 인테리어에 질린 사람들이 오면 좋아할 그런 곳이 되면 좋겠다.

자연물로 인테리어할때가
자연스럽고 좋다.

자아성찰 : 꼬였다

처음 서점을 열었을 때,

"돈 벌려고 하지 마."
"부담 갖지 마."
"스트레스 받지 마."
"여유롭게 해."

"돈 벌려고 하는 거 아니잖아."
"근데 손님은 왔어? 얼마나 팔았어?"

등등… 주변에서 내 생각해서 해주는 말들이 고마웠다.
'다행이다. 부담 없이 책방 할 수 있으니까.' 그런데 자꾸 그
러니까 슬쩍 드는 생각이 '왜 왜, 내 일이 하찮아 보여?' 한다.
좋은 말도 자꾸 들으니 꼬인다….

결혼하고, 신랑이 "자기도 일 해~"라고 하면, "왜 내가 집
에서 노는 것 같아? 돈 같이 벌어야 돼?'라고 쏘아붙이고, 신
랑이 "자긴 체력이 약해서 일하면 안 돼, 쉬어~"라고 하면,
"왜 여자가 집에서 살림이나 해야 돼?'라고 대답했다.
어지간히 꼬였다. 다 내 생각해서 해준 말인데 결혼하고
3년간 꼬여 있었다. 결혼하고 사회생활과 가정생활 사이에
서 적응하는 시간이 필요했다. '여자로서, 주부로서 어디에
가치를 두어야 하는가. 내 가치는 어디서 오는가'에 대해 혼
란스러웠나 보다.
결국은 주변에서 뭐라 하든 내 마음대로 책 쓰고, 책방 내

고, 애 집에서 끼고 있고, 내 멋대로 할 거면서. 주변 사람이 무슨 죄야.

자존감이 높은 줄 알았는데, 가슴 한구석 어딘가에 열등감이 잠재해 있나 보다. 내가 눈치채지 못하게 숨겨져 있는 열등감의 원인이 무엇인지 찾는 중이다. 내가 신경 쓰지 않고 있던 나 자신을 마주할 때 좀 두렵다. 나의 부족한 부분이 드러나니까. 하지만 부족한 부분을 찾아서 인정하고 싶어졌다. 그래야 더 의연한 내가 되고, 의연한 생활을 할 것 같아서. 이런 사춘기 같은 감수성을 이겨내며 여전히 나는 성장하고 있다.

추운 겨울 책상에 두는 석유난로

비교와 경쟁

전국적으로 동네 서점, 작은 서점이 많이 생겼다. 왜일까?

도서정가제로 인해 오프라인 서점에서 사도 크게 손해 안 본다는 인식이 생겨난 덕분에 이제는 작은 오프라인 서점에도 손님이 올 수 있다는 기대 때문 아닐까?

독립출판, 1인출판이 늘어나면서 선매입이 아닌 위탁을 받아 판매한 만큼만 작가들에게 정산해 주니 당장 큰돈이

들지 않는다는 점도 한몫했을 것이다. 돈보다 자신이 원하는 일, 즐거운 일을 우선 가치로 두는 변화의 흐름도 주요 요인일 것이다.

'동쪽바다 책방,'은 10시에서 4시까지만 책방 문을 연다. 책방 주인인 내가 아이들도 챙기면서 책방도 운영할 수 있는 최적의 시간이기 때문인데, 저녁 늦게까지 책방을 오픈하는 곳들은 직장인 프로그램을 다양하게 운영하나 보다. 우리 서점에 오는 직장인 고객들도 점심시간에 후다닥 다녀가면서, 오픈시간 좀 늘려달라고 한다.

슬쩍, 부러웠다. '아, 나도 책방에서 저녁까지 프로그램 하고 싶은데….' 낮에 서점에 올 시간이 있는 주부들은 당장 아이들 키우느라 바빠 책을 읽기 힘들다는 것, 내가 겪어봐서 안다. 나 또한 육아 후반부터야 책을 다시 손에 들었으니까.

하지만, 나 자신과 경쟁해야지 남과의 경쟁은 좌절과 우울을 부를 뿐이다. 밤에 책방 문을 열 생각은 멀리 흘려보낸다. 아무리 즐거운 책방 일이라도, 아무리 즐거운 살림이라도 비교하고 남과 경쟁하려는 순간 불안, 불평으로 바뀌는 것을 순간순간 느낀다. 행복한 생활이란 역시, 비교하지 않을 때 온다.

그러고 보니 첫째아들이 "친구는 뭐뭐 있는데…"라고 말하면, 나는 "너는 너고 친구는 친구야. 같을 수는 없어. 따라 하지 말고 정말 네가 원하는 걸 생각해 봐" 하고 단호하게 잘라 말한다. 5살 아이에게는 냉정하게 들릴 말이지만 어쩔 수 없다. 남들 한다고 다 할 수는 없는 게 세상이니까.

"보편적이라고 인정되는 기준에 견주어 부족하게 보이지 않을 인간은 없습니다.
그 기준과 경쟁하려 하다가는 자신은 결코 결함과 부족을 메울 수 없습니다.
큰 인간은 외부의 것들과 경쟁하지 않습니다.
오직 자기 자신과 경쟁할 뿐입니다.
다른 사람보다 더 나아지겠다는 생각을 버리십시오.
어제의 나보다 오늘의 내가 더 나은지만 자세히 살펴십시오."

— 최진석, 《탁월한 사유의 시선》 중에서

K고맙해요 —
이니 꽃다발과
 ' 순간의나라 영원의당신'

바다 앞 서점의 특장점

　　오늘은 날씨가 좋다. 책방에 앉아 있기 아까운 날씨라 5분 거리의 바다로 달려갔다. 동해바다에서 책방을 하는 좋은 점은 손님은 별로 없지만 이거다. 바다!

　　바다를 보며 나는 과연 무엇을 잘할까 무엇을 좋아할까 고민하고 생각하다 최근에 깨달았다. 창조적인 일. 아이디어를 내고 그것을 제안하고 소소하게 실행할 때 굉장히 신나 한다. 내 주변을 돌아보면 어떤 사람은 주어진 일을 할 때 기뻐하는 사람도 있다.

당사자들은 아니라고 하지만 내가 옆에서 볼 땐 '그 일'을 할 때 그 사람들 목소리 톤이 미세하게 올라가고, 눈이 살짝 반짝인다. 그럼 나는 어떤 일에 반짝이고 미세하게 흔들릴까를 요즘 찾고 있었는데 흐릿하게 그림이 잡혔다. 앞으로 좀 더 구체화해야 하지만 흐릿하게라도 그림을 보았다는 게 좋다.

평소 가깝게 지내는 워킹맘들과 함께 바다를 보며 다 같이 파이팅을 외쳤다. 나는 말했다.

"우리 영화 〈카모메 식당〉 같지 않아요? 거기서도 장사하다가 하루 문 닫고 여자들 일광욕하고 있잖아, 호호호."

100일

아이들은 태어나면 100일의 기적을 보여준다. 6개월, 9개월, 첫돌 주기로 훅훅 성장하고 몰라보게 달라진다.

학교도 100일 정도 공부하고 여름방학, 겨울방학이 있다. 연애할 때도 100일을 기념한다. 100일의 시간은 단순히 숫자 100에 그치는 것은 아닌 듯하다. 3개월을 뭔가 꾸준히 하면 내 몸에서 익숙해져 새로운 일에 적응할 수 있는 시간인가 보다.

오늘, 책방 정식 오픈 100일이 되었다. 처음 치솟아오르던 열정이 사그라들 쯤이다. 좌절과 힘듦, 즐거움의 감정이 번갈아가며 든다. 롤러코스터 타는 감정이다. 그야말로 100일 동안 맨땅에 헤딩하며 좌충우돌 서점을 운영했다. 이런 일 저런 일 해보고 몸으로 부딪치면서 배운다. '아, 이런 책 입고해야 하는구나.' '아, 이런 운영시간으로 해야 되는구나.' '아, 이렇게 판매해야 하는구나….' 시행착오로 알아갔던 100일.

이제 좀 한숨 돌려야겠다고 여행날짜를 잡고서 날짜를 헤아려보니 딱 개업한 지 100일이었다. 내 몸이 100일 정도에 쉼을 외쳤나 보다. 살림이 안 하면 티가 나고 해도 티가 안 나는 일인 것처럼, 작은 서점도 그렇다.

안 하면 티 나고, 해도 티 안 나는 일들의 연속이었다. 남들 보기엔 그저 좋은 곳이다. 물론 나도 좋다고 생각하는 곳이다. 하지만 아이들에게 왜 방학이 있겠나. 교육적으로 필요하니까 있는 거겠지.

"너무 커피에만 매달리지 말고 여행도 많이 다니고 영화도 많이
찾아 보고 운동도 하면서 이 일을 오래 하기 위한 다른 근육들을
계발하는 과정이 중요한 것 같아요."

– ⟨bear⟩ vol.1 COFFEE

지치지 않고, 빨리 질리지 않으려면 다른 근육의 계발이
필요하다는 것에 진심 공감한다.

서점을 한다고 서점에 관한 책만 읽어서는 아이디어가 제
한적이다. 다양한 경험은 분명, 다양한 영역에 영향을 미친
다. 골고루 근육을 키우자. 그래서 살림, 육아, 일, 취미 등
하고 싶은 거, 어쩔 수 없이 해야 하는 것들 거부하지 않고
일단 해보는 게 나에게 가치 있다고 믿는다.

100일 축하하며 휴가 갑니다.

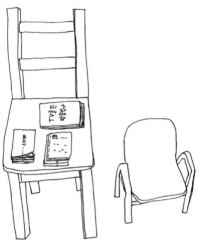

용도
의자의 변화는 무죄.

여행노트 1.
아이엄마 혼자 떠나는 여행의 합리화

아이도, 책방도 뒤로하고 떠나는 여행이다. 여행자만큼 흔해진 여행에세이들을 보면서 나는 남들 다 하니까 나도 가야만 한다고 생각해서 하는 여행인가? 지금 내게 여행은 허세인가? 스스로에게 물어본다. 살림과 육아, 그리고 일이 내 손길을 필요로 하는데, 왜 여행하는가.

남들이 다 가니까 질 수 없어서, 상대적 박탈감을 느껴서 떠난다면 그건 허세일 수 있다. 예전의 난 여권에 도장 많이 찍고 남들에게 사진으로 보여주기 위해서 짧은 시간에 많은 나라를 돌았던 것 같다. 그런데 이제 나에게 혼자 하는 여행은 엄청 중요한 삶의 쉼표가 되었다. '나 애 맡기고 여행 가는 여자야~' 하고 자랑하기 위해서 이런저런 리스크(돈의 지출, 책방 수입의 멈춤, 아이와 떨어지는 안쓰러움 등)를 감당하진 않는다.

살림, 육아, 일을 하면서 조용히 생각할 시간을 가지긴 어렵다. 책방을 하면 조용히 앉아서 책만 읽고 시간이 많을 줄 알았는데 그렇지 않다는 것을 알았다. 책방 운영은 보기보다 많은 생각과 집중이 필요한 일이다. 새로운 책을 찾아내야 하고, 독립출판물은 총판이 없으니 책마다 각각 입고 신청과 정산을 해야 하는 등 생각보다 잔업이 많다. 난 영업시간도 10시에서 4시로 짧으니까 더 짬이 없다.

퇴근 후에 곧바로 아이들을 픽업하고 살림이 이어지니까 급한 일들만 생각하고 자꾸 뒤로 밀리는 사색들. 나에 대한 고찰들, 더 단단하게 앞으로 나아갈 방향을 생각할 시간이 없다. 아니, 시간이 있어도 뒤로 밀려난다. 혼자 하는 여행은, 일정이 급할 게 없을뿐더러 책임져야 할 업무가 당장 없고, 내일의 계획 없이, 걱정 없이, 오늘 떠오르는 생각들을 마음껏 풀어낼 수 있다는 점이 좋다.

급한 일이 아니라서, 급한 생각이 아니라서 저 뒤로 밀린 것들이 여행을 떠나는 순간 수면 위로 마구 올라오면서 정리가 된다. 그래서 혼자 여행이 필요하고, 나에겐 중요하다.

왜 굳이 밀려난 생각들까지 하고 살아야 할까? 굳이 여행까지 가면서 생각할 가치가 있는 것들일까?

현재 내 삶을 돌아보지 않고 앞만 보고 달리면 나는 어디로 달리는지 모르고 뛰는 말이 될 것 같다. 정기적으로 나는 지금 내가 어디로 가고 있는가 앞뒤 좌우를 살펴보고 싶다. 남들 다 하는 주부의 일상인데 왜 유별나게 혼자 생각하겠다고 여행하는 거냐고 묻는다면, 한국에 있으면 잠깐 커피숍에 가서 자유시간을 누려도 '어서 집에 가서 빨래 돌리고, 청소하고, 밥해야 하는데' 하는 생각이 맴을 돌아 자유시간에도 내 머리는 살림과 일에서 벗어나지 못하는 게 현실이다.

여행을 떠나면서 사치, 무책임이라는 단어를 떠올린다.

아이를 떼어놓고 여행을 간다? 책방에 무턱대고 방학을 선포하고 간다? 일 때문에 가는 출장도 아니고, '엄마'라는 존재가 아직 어린 아이를 떼어놓고 혼자 놀러간다? 더욱이 《멋진롬 0~5세 아이놀자》 책에서 원에 안 보내고 데리고 있었다고 잘난 척까지 해놓고?

육아 중요해. 일 중요해. 살림 중요해. 하지만 사람으로서 내 휴식과 복지도 중요하다. 난 여행을 하면 힘을 얻는다. 자주도 아니고 365일 중에 7일이다. 358일 끈끈하게 함께했고, 엄마가 다시 돌아올 것을 믿고, 자신을 사랑한다는 믿음이 있으면 아이들은 잘 기다릴 거다. 100% 서로에게만 올인하는 부부가 건강하지 못하듯이 일주일의 휴가도 용납 안 되는 부모자녀 관계도 건강하지 못하다고 스스로 합리화하면서 여행을 떠난다.

내가 아이들을 사랑하지 않아서 여행 혼자 가는 게 아니다. 내가 스트레스를 못 풀고 살면 그 스트레스가 다 가정, 남편에게 돌아간다! 육아가 마냥 즐겁고 편한 사람이 몇이나 되겠나, 아이 키우는 엄마들에게 숨통 한 번씩 터줘야 앞으로 씽씽 잘 나아간다. 궁지에 몰리면 무는 건 쥐뿐 아니라 엄마도 될 수 있는 것 아닌가?

　나는 다른 사람들보다 평소에 신중하게 돈을 쓰는 편이
다. 하지만 일 년에 한번 여행할 때 쓰는 돈은 아깝지 않다.
돈은 또 벌고, 과하게 지출되는 부분 줄여서 덜 쓰면 되지
뭐. 육아맘이라고 휴가가 예외일쏘냐!

여행노트 2.
일상을 잘 살아가기 위하여

#1

예전에는, 여행은 폭풍검색과 계획으로 이루어졌다. 이젠 갈수록 대충이다. 그 나라를 알고 가야 더 많이 볼 수 있는 것은 맞지만, 아는 만큼 보여서 재미도 있지만, 너무 알아보고 가면 편견과 식상함이 느껴진다.

나라의 역사는 알되 여행지의 맛집과 놀거리는 적당히 알아두고, 몇 가지만 맛보고 최소한의 할 일을 한다. 블로그 후기와 여행책을 정독하며 시간을 소비하지 않고, 누군가의 느낌을 먼저 읽고 가서 그 느낌을 모방해서 느끼는 척하지 않으려고 한다. 내가 직접 겪어서 느끼는 곳이 되길 바란다.

나는 얼마나 모방하며 여행해 왔던가. 모방은 창조의 어머니라고 하지만, 어느 순간부터는 나만의 창조적인 생활을 해야 한다. 지금 내 여행, 미니멀라이프, 육아 등이 그렇다. 어느 정도 익숙해지고 몸으로 터득했으니 진짜 나의 삶을 내 기준과 철학으로 채워서 살아갈 때가 왔다.

#2

여행을 통해 엄청난 영감을 얻길 기대하나 항상 실패다. 여행노트의 내용은 보통 일상에서 겪었던 일, 치열한 삶에서 일어났던 일을 되새기는 경우가 많다. 여행 가는 길과 새로운 곳에서 기존에 흩어진 생각들을 정리하는 것이 더 많다.

20대에 배낭여행을 하면 내 삶이 180도 바뀌는 줄 알았지만 전혀 아니었다. 그건 내 삶의 아주 작은 점이 될 뿐이었다. 점들이 모여서 지금의 내가 있을 뿐이다. 일확천금을 바라고 살면 안 되듯 한 번의 여행이 내 삶 전체를 바꾼다는 기대는 접기로 한다. 여행은 충전해서 현실을 잘 살기 위한 것이다. 훼방받지 않고 평소의 삶을 정리하는 시간을 가질 수 있다는 데 만족한다.

둔화바다 제방.

여행노트 3.
6유로의 행복

꽃을 샀다. 한곳에 장기간 머무른 덕이다. 10송이 한 묶음에 6유로인 러넌 핑크를 샀다. 예전에 책방에도 꽂아두었었는데 너무 예쁘게 피었었다. 양파껍질같이 꽃잎이 겹겹이 가득해서 오래 핀다. 독일 거리엔 꽃가게가 많고, 또 지나가는 사람들이 자연스럽게 꽃을 사서 집에 간다. 커피를 사듯, 큰마음 먹지 않고 자연스럽게. 저렴해서 가능한 것이기도 하지만 사람들 마음에 여유가 있어서인 것 같다. 나도 심플 라이프 이후 마음에 여유가 생기면서 꽃을 샀으니까.

　게스트하우스 거실과 방에 꽂아두었다. 조금 핀 꽃과 아직 몽우리만 있는 꽃을 섞어서 꽃병에 꽂으면서, 그 순간 참 행복했다. 여행 와서 잘 모르는 유럽 건축물을 보고 억지로 감탄할 때보다 꽃을 사서 꽂고 있는 이 순간이 더 즐거울 줄이야. 6유로로 난 여행 내내 피식 웃으며 행복했다. 게스트하우스 손님들도 잔잔히 행복했을까? 활짝 필 때까지 이곳에 있고 싶지만 그러지 못하는 아쉬움이 남는다. 그래도 누군가 계속 꽃을 볼 수 있는 곳에 두고 가니, 내 여행이 끝나도 꽃이 있을 이곳을 생각할 수 있어 기분이 좋다.

멋진룸
FAQ

Q

미혼입니다.
결혼해도 나답게 살 수 있을까요?

A

결혼은 타인과 함께 생활하는 거라 적응하고 조율하는 데 분명 시간이 걸려요. 남편도 물론 처음엔 남이니까요. 처음부터 환상을 가지고 결혼하면 안 되는 것 같아요. 지금 남편과 8년 연애하고 결혼하기로 했는데, 청혼할 때 남편이 한 말이 "나는 '손에 물 안 묻히게'라는 말은 못한다"였습니다. 이렇게 환상 없이 결혼한 덕분에 300만원이 안 되는 월급에, 내 집도 없이 시작한 결혼생활이지만 불만을 덜 갖는 것 같습니다. 사실 혼자 살아도 세상이 100% 내 뜻대로 안 되잖아요. 결혼하면 여러 역할이 생기는데 그 역할을 하면서도 '나'라는 존재를 뒤로 미루지 않고, 육아는 하지만 틈새 시간에 내가 뭘 좋아하는지 계속 생각하고, 조금이라도 나 챙겨주면서 애 밥 먹이고, 나 챙겨주면서 살림하고 있어요. 처음에는 이기적인 엄마, 아내라는 눈초리를 받지만 어느새 사람들은 쟤는 저런 애야라고 익숙해지더라구요.

Q

아이 맡기고 여행 가려는데
눈치 보여요.

A

저도 처음에는 욕먹었어요. "어린애를 놓고 혼자 가냐?"는 말은 예사로 들었고, "허락받고 가야지 너무한 것 아니냐"는 말도 들었죠. 그렇게 몇 년 욕먹으면서 여행을 가니까 이제 포기했나 봅니다. '아, 또 가는구나⋯.' 이렇게 받아들이더라구요.

평소에 살림, 육아, 일 다 하면서 내 책임 다 하고 며칠 여행하는 건데 나부터 당당해야 다른 사람들이 공격 안 하더라구요. 몇 년 욕을 땐 속상하고 화도 나고, 내가 정말 잘못인가 자책도 들었지만 내 인생의 시간이라는 생각을 갖고, 내가 책임을 다하지 않고 사는 것도 아니니 당당하자고 마음먹고 떠납니다.

2부

어느 날, 책방 주인
② 봄과 여름

주부가 책방을 한다는 것

여행을 마치고 돌아왔다. 책방과 육아로 복귀하니 전업주부가 책방을 하는 것의 장점은 뭘까 하는 생각이 든다. 책방 주인들 중에는 미혼이 많은 것 같다. 직장인들이 주로 주말이나 저녁시간에 많이 방문하니 책방은 저녁장사가 필수라 그런 걸까? 하지만 난 아이들 유치원 하원 시간에 맞춰 4시에 책방을 닫는다.

책방은 돈이 안 된다. 그래서 책방이 생계수단이라면 보조수입이 있어야 한다. 다행스럽게도 나는 책방이 수입의 주가 아니다. 신랑 월급으로 생활비를 할 수 있으니망정이지 이게 우리 가족의 주 생계수단이었으면 시작도 못했을 것 같다.

책방을 하며 확실히 깨달은 게 있다. 전업주부는 집에 있는 것이 돈 버는 것이라는 사실이다. 누가 내게 돈 벌어오라고 눈치를 주거나, 압박을 준다면 'No! No!' 내 경우 나가서 돈벌이하는 것보다는 집에서 살림을 알뜰하게 하는 것이 돈 버는 것이었다. 집에서 집밥 알뜰하게 하고, 가내수공업을 해서 돈을 아끼고 말겠다. 줄줄 새나가는 돈 막고, 살림하는 게 정말 돈 버는 거다.

밖에 나와서 일하니까 점심값 나가고, 저녁에 힘들어서 반찬 사먹고, 예전보다 대충 살게 된다. 온몸 불살라 살 수는 없지 않은가. 바깥일도 하고 집안일도 하면서, 다 잘할 수는 없다.

그럼 부자도 아니면서 왜 돈 더 드는 일을 하고 있냐고, 왜 나가서 일하냐고, 집에 있는 게 돈 버는 거면 그냥 집에 있으라고 한다면 또 'No! No!'라고 말하겠다. 살아 있음을 느끼려고 나가요. 몸은 좀 힘들지만 활력 있는 삶, 자아성취를 위해서 나갑니다.

그러니까 혹시 전업주부에게 "나가서 돈 벌어와라!" 하면 말해 주세요. 집에서 살림하는 여자들이 진정 돈 벌고 있는 거라고. 전업주부에게 돈 때문에 나가라는 말보다는 "너의 행복을 위해 밖에 나가 일해 볼래?"라고 말해 주면 좋겠다.

"남편은 밖에 나가서 고생하는데 자아실현?"이라고 비난하며, "나도 고생하니까 너도 똑같이 고생해라"라고 말하는 건 너 죽고 나 죽자는 것이다. 아내가 행복해야 남편도 행복하다. 남편이 행복할 수 있도록 취미생활을 인정해 줘야 가정이 평안하다.

'너도 똑같이 고생해라!'가 아니라 서로 하나씩 행복할 구석을 찾아주는 게 가정과 세계 평화에 좋다. 그러니까 자아실현 위해서 나가서 일하는 게 너무 좋다.

그리고 남편이 벌 때 나는 살림도 하고 나를 개발시켜서 남편이 은퇴한 이후에 내가 그동안 쌓은 자기개발로 사회에서 수입 창출할 겁니다.

그게 말처럼 쉽냐고요? 모르죠. 그때가 되어봐야 알죠. 하지만, 생각처럼 안 될 거라고 손 놓고 있는 것보다 희망을 가지고 이렇게 사는 게 더 충만한 삶이 돼서 좋습니다.

갑오도 메분5월

책 추천하기

처음부터 의도하지는 않았지만 어쩌다 보니 책 선물세트를 찾는 사람이 많아지면서 책을 추천해 달라는 요구가 늘고 있다.

"선물할 책 추천해 주세요"라는 말과 함께 나이, 성별, 현재 직업 등 아주 간단한 사연을 전달받곤 한다. 그럼 나는 쓱 추천하는 것 같지만 사실 엄청 촉을 곤두세우고 마음으

로 기도한다. '제발 딱 필요한 책이 눈에 들어오고 생각나게 해주세요!'

받는 사람을 100% 만족시킬 수는 없다. 나부터 100% 만족하면서 책을 고르기는 어려우니까. 책은 특히 호불호가 갈리는 것이라서 더 그렇다. 하지만 그 모든 제약과 난관에도 불구하고 나는 책을 고르는 그 순간 엄청난 몰입을 한다.

간단한 정보를 바탕으로 세트 구성을 하며 장르, 출판방법, 난이도 등이 고르게 섞이도록 하기 위해서, 비록 전문사서처럼 많은 책을 아는 것은 아니지만 내가 아는 선에서 최선을 다한다고 말할 수 있겠다. 읽기 싫은 책을 선물받는 것만큼 곤욕은 없으니까 신중할 수밖에 없다.

사연 1

정규교육을 받지 못한 반백발의 노모에게 한글교재를 선물하고 싶다는 메일이 왔다. 사연을 읽으며 울컥했다. 사실 한글교재는 내가 취급하는 책도 아니고, 총판에서 입고하지도 않지만 꼭 잘 준비해서 전해 드리고 싶었다. 한글교재를 고르고 골랐다. 그리고 글을 읽지 못해도 마음으로 볼 수 있는, 그림이 있는《엄마 친정엄마 외할머니》라는 아코디언 북●과 함께 할머니의 장수를 바라며 영원을 뜻하는 리스 모양의 드라이플라워 카드를 담았다.

어르신이 행복하셨으면 좋겠다. 선물하는 따님의 마음도 따뜻하기 그지없어, 사연을 받아서 읽어주는 라디오처럼 사연을 받아서 책을 고르고 포장하는 나는 행복한 서점 주인이다.

사연 2

출산한 지 얼마 안 된 분에게 간단한 책 선물을 했다. 아이를 낳자마자 글이 많은 책은 읽기 어려울 것 같아서 꽃과 함께 작은 사이즈의 잡지인 〈컨셉진(conceptzine)〉 41호를 골랐다. 책 커버에 케이크 그림이 있는, '당신의 생일은 어떤 모습인가요?'라는 주제의 잡지를, 생일을 축하한다는 의미도 담아서 보내드렸다. 함께 선택한 책이《아빠와 나》였다. 출산을 하면 내 부모에 대해 더 많이 생각하게 된다. 그 순

● 아코디언 북 : 지그재그로 접어서 펼치는 책. 우리말로 병풍책이라고도 한다.

간을 나누고 싶었다.

《아빠와 나》는 짧은 글과 간단한 그림으로 되어 있는 독립출판물이다. 작가의 아빠는 일찍 돌아가셔서 마흔일곱에 멈춰 계신다. 아빠와의 추억을 너무 슬프지도 너무 가볍지도 않게 담은 책이다. 나는 잔잔한 이런 책이 좋다. 하지만 받는 사람은 책이 얇고, 짧은 글들만 있는 걸 보고 가볍게 여길 수도 있겠다는 생각이 들었다. 그래도 내 마음을 담아 선물했다. 그리고 선물받은 분으로부터 문자가 왔다.

"딱 저의 이야기입니다. 솔직히 좀 놀랐어요. 진짜 저의 이야기, 저희 아버지도 계속 47세에 멈춰 있거든요…. 바쁘게 살았는데 가족도 생각하게 되고, 정말 뜻깊은 출산선물이 되었어요. 진짜 값어치 있는. 먹먹해집니다…."

받는 분의 사연을 모르고 선택한 책이었지만, 받는 분께 감동이 되었다니 참 기뻤다. 고민하고 고른 보람도 느끼면서 책을 추천하고, 선물하고 있다.

독립출판물이 모두 신선하고, 모두 좋은 건 아니다. 하지

만 독립출판이었기에 세상에 소개될 수 있었던 책으로 인해
사람들이 행복할 수 있구나라고 생각했다.

책
선물세트 꾸준하다 — 나도 받고싶다..

돈

책방을 하면서, 몰랐던 돈에 대해 알아간다. 결혼 전 회사 다니면서 따박따박 월급 받을 때는 몰랐다. 신랑이 월급 따박따박 받아올 때는 몰랐다. 돈의 유동성에 대해 체감하지 못했던 것이다. 작은 가게지만 돈은 빠르게 회전한다. 그 속도에 놀란다. 월급쟁이일 때와는 확 다른 일들을 체감하고 나니 돈에 대한 시선이 달라졌다. 예전엔 그냥 버는 돈 가지고 욕심 안 내고 편하게 살려고 '절약'했다면, 이제는 '돈' 자체가 귀하다는 걸 알았다. '만원'이면 내가 책 몇 권 팔아야 나는 수익이냐? 돈의 가치를 피부로 느끼며 깨닫게 되었다. 이런 날 보고 신랑이 그런다.

"당신 가게 하면서부터 돈의 소중함을 알게 된 것 같아."

"뭐? 내가 뭐 헤프게 쓰지 않았잖아? 새삼 왜 그래! 여태 잘 살았는데!"

"아니, 돈을 대하는 자세가 달라졌어."

"그래⋯. 내가 요즘 만원 벌기가 쉬운 게 아니란 걸 깨달았어."

수익이 많이 나고 적게 나고의 문제가 아니라 돈이 내 주머니에 들어와서 정착하는 게 참 어려운 과정임을 알게 되었다. 돈을 그냥 펑펑 쓰면 안 되는 거란 사실을 예전엔 글로 알았다면 이젠 몸으로 알게 되었다. (어찌 보면 엄마 아빠가 딸들 어려움 모르게 곱게 키우신 것 같다. 고마워요.)

그냥 있는 돈 아끼고 살면 된다고, 자족하면 된다고, 돈이 굳이 왜 많아야 하냐고, 다른 사람들 말에 공감 못한 나였다. 그런 내가 하고 싶은 게 많아졌다. 원래도 많았지만 좀 더 규모가 커졌다. 그런데 다 돈으로 연결된다. '아! 이래서 사람들이 돈이 많아야 한다고 한 거야?'

얼마 전에도 하고 싶은 게 있었는데 돈이 많이 필요한 일이었다. 연타로 내가 가진 욕구를 돈이 가로막으니까, 아! 이래서 사람들이 돈돈 하는구나를 깨달았다.

그렇다고 돈에 굴복할 장새롬이 아니다! 하고 싶은 일이 있다는 것이 어디냐!

돈이 있어도 하고 싶은 일 없는 게 나는 더 우울하다. 나는 하고 싶은 일이 많다는 것, 언젠가 해야지 하는 꿈이 있는 사람이란 게 더 가슴 뛰는 거 아니겠냐며 합리화로 마무리한다.

엄마라는 것이 고맙다

책방의 책장을 바라보고, 입고할 책을 고르면서 요즘은 아이 엄마라는 것이 고맙다. 덕분에 좋은 그림책을 선택할 수 있는 안목이 생겼으니까.

결혼 전에는 그냥 남들이 좋다고 하는 그림책을 골라 읽었다면, 지금은 엄마의 마음으로 아이가 좋아하겠구나 하는 책을 선택한다.

엄마라는 것 말고도 여러 경험이 책 고르기에 도움이 된다. 나의 독서영역은 얕고 넓다. 경험보다는 먼저 책으로 지식을 얻고 움직이는 스타일이라서 그렇다. 20대 때 전공과 관련 없는 분야의 책을 읽으며 전공지식에만 한정되는 틀을 깨보고 싶어 했는데, 그때의 책읽기가 지금 책을 입고할 때 도움이 될 줄은 몰랐다.

여행 다닌 경험도 여행분야 책을 입고하는 데 도움이 된다. 독립출판물 중 여행 에세이를 입고한다. 내게 혼자 하는 여행 경험이 없었다면, 책 내용에 공감하지 못했을 테니 손님들에게 소개하기 어려웠을지도 모른다. 이런저런 작은 경험들이 모여, 지금 나는 책방을 하고 있다.

그중에서도 엄마가 된다는 건 나 혼자 잘해서 얻을 수 있는 경험이 아니라 더 소중하다. 육아에 전념하며 아이들을 이해하려고 애썼던 시간들이 지금 책방 주인으로 살아가는 나에게 큰 도움이 된다. 서점에서 좋은 그림책을 소개할 수 있는 건 엄마들의 특권 같다.

짧은 인생이지만 열정적으로 살았던 경험과 시간들은 헛되지 않았다. 지금 이 시간도 쌓여서 헛되지 않은 미래를 만들어줄 거라고 믿는다.

경험을 사요

나 : 여보, 책방 투자한 만큼 벌어서 다시 채우지 못할 수도 있으니까 처음부터 천만원 날리는 거라고 생각하고 있어줘.

신랑 : 난 그렇게 생각 안 하는데? 돈은 날아가도 천만원어치 경험을 얻는 거라 생각하는데? 엄청난 이득이지.

나 : 그래⋯ 고마워⋯ 말이라도 그렇게 해줘서⋯.

세상물정 모르고 이렇게 멋대로 하고 있다. 돈 귀한 줄 모르고 슬렁슬렁 장사한다고 스스로 말하고 다니지만, 잠자리에서도 계속 운영을 고민하며 일하고 있다.

하루하루 지나면서 나는 책으로 얻을 수 없는, 돈으로 환산하기 어려운 경험치를 쌓고 있음을 느낀다. 월세 계약한 지 6개월이 지났다. 첫 달의 나와 지금의 나는 참 많이 다르다. 초반엔 입고 결정한 책이나 소개 방식 등 모든 것이 어설픔이었다. 뭐 여전히 어설픔이 산재해 있지만, 하루 한 달이 지날수록 내 몸에 쌓이고 있다.

몸으로 겪은 일은 잘 잊어버리지 않으니까, 오롯이 내 것이 되니까, 난 경험에 돈을 쓰고 있다.

책방을 시작하려는 분들에게

책방 하고 싶다는 문의를 많이 받는다. 내 블로그와 책방이 누군가에게 열정을 불태울 불씨를 선물했다면 반가운 일이다. 다만, 소도시에서 책만 판매해서는 수입 창출이 어렵다. 생각보다 환상처럼 편하지 않고 바쁘다.

몸도 그렇지만 머리는 더 바빠야 하는 것이 책방 일이다.

책방이 엄청 많이 생겼다. 내가 오픈할 때만 해도 이름을 다 외울 정도였는데 지금은 이름을 다 알 수도 없다. 그만큼 특색 있는 책방이 많아졌다. 책방에서 어떤 책을 입고할 것인가는 책방 주인의 능력이다. 독립출판물을 입고할 것인가, 여행분야 책을 입고할 것인가. 입고할 책을 선정할 때 다른 서점 그대로 따라하기보다는 나름의 기준과 철학을 가지고 하는 것이 필요하다. 그래야 손님들도 서점 여러 곳을 다녀도 지루하지 않다. 책방에서 하는 이벤트나, 기타 상품에 대한 입고와 판매도 모방은 하되 그대로 따라하면 안 된다고 생각한다. 똑같이 하지 말아야 한다.

무턱대고 따라하는 것과 내가 생각하고 시도해 봐서 비슷해지는 것은 전혀 다르다. 유행을 읽되 유행에 쓸려가지 말아야 한다. 남들 잘하고 있는 것들을 나도 따라해 보려는 마음이 쉬이 들기에 책방지기는 고민과, 사색과, 연구가 필수다.

가게 계약 6개월이 지난 지금, 다행히 꾸준히 구입해 주신다. 인구 적은 소도시, 시골에서 장사 망하지 않고 잘하고 있다. 이 정도면 넘치지도 부족하지도 않게, 감사하게 잘되고 있다. (넘치지 않는다는 게 조금 아쉽지만ㅋ 부족하지 않아서 다행일 뿐이다.)

그저 따라했다면, 기성품과 다를 것 없는 서점이 되었을 것이다. 가만히 앉아서 납품만 받는 슈퍼가 될 것이 아니라 캔들을 입고해도, 드라이플라워를 입고해도, 문구류를 입고해도, 적극적으로 원하는 상품을 구상하고, 예술가들에게 "이런 작품으로 입고해 주세요"라고 요청하면서 내 가게에 입고되는 상품을 관리하는 게 필요하다. 책방에서 함께 판매하는 소품 중에서 드라이플라워, 캔들, 책갈피 등은 세상에 넘치도록 많다. 인터넷 치면 어디서나 쉽게 살 수 있다. 그런데, 책방과 조화로운 상품을 제안하고 입고하면 약간의 변화가 차이를 만든다. 다른 곳에서 잘 팔린다고 우루루루~ 너도나도 따라하면 결국 판매자나 구매자 모두에게 가치 하락으로 이어진다고 생각한다.

서점 오픈하고 싶다는 분들이 많은데, 운영방식에 대한 고민이 끊임없이 필요한 것 같다(어떤 책을 입고할 것인지, 어떻게 판매할 것인지, 내 서점의 개성은 무엇인지 등). 나도 여전히 그 고민을 달고 산다. 물 위에 유유히 떠 있는 오리처럼 오리발을 엄청 흔들고 있다.

"북극곰 급다 호" 꼬상차림. 원화전시

의자

학교 다닐 때 나는 책상에 거~의 앉아 있는 아이였다. 앉아 있으면 친구들이 찾아와 앞에 옆에 앉아서 이야기하고 갔다.

자리가 바뀌면 바뀐 자리 앞뒤 친구들을 사귀어 그 자리에서 놀았고, 내가 직접 친구들을 찾아 돌아다니는 일은 거의 없었다. 왜냐? 움직이기 귀찮아서. 엉덩이가 너무 무거웠다.

난 여전히 엉덩이가 무겁다. 살림할 때는 뺄뺄뺄 돌아다니고, 정기적으로 여행을 가야 하는 사람이지만 기본적으로 엉덩이가 무겁다. 책상에 한번 앉으면 엉덩이 떼기가 싫다.

살림을 하면서는 식탁에 앉아서 이런 일 저런 일을 한다. 그러면 옆집언니가 와서 앞에 앉아 이런 이야기 저런 이야기를 한다. 나는 글이나 많이 쓰지 기본적으로 말이 없는 편이라서, 주로 나를 찾아오는 사람들이 하는 이야기를 듣는다. 듣는 게 재미있고, 편한 성격이다.

돌아보니 항상 이런 모습이었다. 회사에 다닐 때도 동료, 선배들이 내 자리로 와서 이야기를 하고 갔다. 게을러서 엉덩이가 무거운 나는 언제나 앉아 있고, 귀는 열려 있다.

지금 내가 주로 시간을 보내는 곳은 책방 뒤편 작은 공간이다. 여기에 큰 테이블을 놓고 주로 그 테이블에 앉아서 생활한다. 그곳에서 책도 읽고, 일도 한다. 책방 뒷공간으로 들어오면 입구에 간이의자가 있는데 이 의자에 단골손님, 지인들이 앉아서 이야기를 하고 간다. 이런 책방의 일상적인 모습이 과거 내가 살아온 모습과 오버랩된다. 나는 앉아 있고,

친구들이 찾아와서 옆에 앉아 이야기를 풀어내고 떠나는 패턴 아닌 패턴이 학창시절이나 지금이나 바뀌지 않았다.

내가 어떤 대단한 해답을 주기 때문에 사람들이 저 의자에 앉아서 이야기하는 건 아니다. 답은 언제나 본인에게 있기 때문에, 내가 더 잘난 것도 아니기에, 답을 줄 수는 없다. 그냥, 듣는다. 들어주는 것만으로도 상대방은 해소가 되고, 즐겁고, 답을 찾는가 보다.

나는 들으면서 배운다. 다른 사람이 쓴 글을 읽으면서 배우듯이, 다양한 이야기를 들으면서 배운다. 듣고 있으면 나 또한 위로받고, 나 또한 생각지 못했던 부분을 한번 더 생각하게 된다.

책방 의자에서 사람들이 이야기를 풀어내는 모습이 좋다. 어느 날은 이 책방이 이곳에 있는 목적이 저 의자에 있는 것처럼 느껴진다. "의자를 마련했으니 와서 이야기하세요!"라고 하진 않았지만, 엉덩이 무거운 주인장 덕분에 손님이 옆에 앉아줘야 했고, 알아서 커피 타 마셔야 했고, 주인이 말이 없기 때문에 방문한 사람이 말을 해야 하지만, 난 좋다. 서로에게 좋은 오아시스 같은 곳이 되고 있다.

시작하세요

과거에 나는 완벽하게 준비가 됐거나, '엄청!' 잘할 수 있다고 생각되지 않으면 시작조차 안 했다. 완벽주의 기질 덕분에 어쩔 수 없다고 치부하기에는 이 즐거운 세상에서 하지 못하고 멈춰버릴 일들이 너무 많았다. 나와 다르게 언니는 어릴 때부터 이것저것 시도를 많이 했다.

"플루트 배울래, 성악 배울래."

그 모습을 본 나는 '아니 왜 끝까지 하지도 못할 것들을 시작해? 쯧쯧…. 신중하지 못해!'라고 마음속으로 은근 비난을 했었다.

하지만 차라리 언니가 나았다. 완벽하게 잘하지 못하기 때문에 배우는 것이고, 배우다 포기하더라도 시작도 안 하는 것보다 낫다. 그런데 나는 고등학교 때까지 '그!' 시작도 못해 왔다.

신중한 것이 좋은 점도 많지만 즐거움도 그만큼 누리지 못한다. 이걸 알고 나서 조금씩 나의 기질, 나의 틀을 부수기 시작했다. 혼자서 떠나는 배낭여행을 시작으로 10년이 넘도록 천천히 나를 가꾸어가는 중이다.

여전히 새로운 일을 시작할 때 주춤하고, '내가 완벽하게 준비가 안 되었는데 어떻게 하지?'라고 스스로를 평가하기도 한다. 하지만 한번 두번 도전하다 보니까 '아, 이 정도면 충분하구만~' 싶어진다.

나를 믿자. 책방을 열 때도, 쉬지 않고 책을 읽어왔지만 독서광처럼 많은 책을 읽은 것도 아닌데 할 수 있을까 고민이 앞섰다. 기억력도 좋지 못해 책 내용도 금방 잊어버린다. 그냥 책의 한줄 두줄을 느낌으로, 몸으로 기억해 두는 스타일이라 많은 지식을 가지고 있지도 않다.

'책방 운영을 포기해야 할까? 아니, 세상에 완벽한 사람이 어디 있어! 책방에 내가 읽고 싶은 책을 들여놓고, 판매도 하고 나도 읽는 거다.'

대학교 때 "새롬아, 세상에 1등은 어차피 1명이야"라고 말해 준 동기가 참 고맙다. 최고가 아니라 최선이고, 최선이 아니라 즐겨야지라고 스스로에게 말해 주고 있다. 이젠 완벽하지 않아도 재미가 있고 소질이 있는 것 같으면 조금씩 갈고닦고 도전해 보려 한다. 마음의 방향을 바꾸니까 술술 일이 풀리는 것 같다. 뭐든지 내 마음에 달려 있다.

주변의 전업주부들도 육아를 어느 정도 마치고 다시 자아실현, 꿈을 찾기 시작한다. 나는 고작 5년을 쉬었지만 다시 사회에 나가려니 떨렸다. 나보다 더 오랫동안 육아와 살림을 하다가 일을 시작하는 분들은 사회에 다시 나가는 걸 나보다 더 두려워하시는 것 같았다. 자신이 무엇을 잘하고, 무엇을 하고 싶은지가 현실적인 고민이라고 했다. 옆에서 볼 때는 다들 장점과 잘하는 것들이 있는데도 말이다. '나는 완벽하지 않은데, 중간은 하지만 완전 잘하는 건 아닌데, 과연 이런 별것 아닌 재주로 사회에 나가도 될까?' 하는 의심, 물음표 안에서 갈등하는 모습을 많이들 보이신다.

"나를 봐요. 나도 잘 못해요. 나도 두려워요. 하지만 시작하면 어떻게든 되더라고요. 하면서 배우는 거죠. 당장 교수가 돼서 가르칠 것도 아니고…. 초보자에게 자신의 지식을 나누는 것이라면, 아직 고급기술을 모른다고 해도 시작해봐요! 처음부터 잘하는 사람이 어디 있어요! 같이 해요!"

누구에게나 잘하는 것, 좋아하는 일이 있다. 조금 잘하는 일이라도 도전해 보길 조심스럽게 권해 본다. 정말 보통사람인 나 같은 사람도 이것저것 도전하는 것 보세요.

최근에 책방 사업을 지르고 나니까 앞으로 하고 싶은 거 다 해볼 자신감이 생겼다. 돌아보면 뭐든 '용기'가 중요한 것 같다. 모두에겐 각자의 잠재력이 있다고 믿는다. 하고 싶다는 생각만 있을 때, 용기가 없어서 할 수 없었던 일들이 있었다. 하지만 용기내어 한 발짝 내딛으니 생각보다 별것 아닌 일들도 많았다.

내가 20~30대를 살면서 발견한 중요한 키워드는 '용기'인 것 같다. 심플라이프를 하면서 700리터 냉장고에서 200리터 냉장고로 바꾼 적이 있다. 어쩌면 굉장한 용기가 작동해야 했던 일인지도 모르겠다. 냉장고는 커야만 한다는 고정관념을 깨고, 작은 냉장고로 바꾸었다.

용기가 생기기까지 천천히 훈련도, 익숙함도 필요하겠지만 결정적으로 이젠 바꿔도 된다고 생각될 때 용기가 없어서 멈추고 있다면 한 발짝만 내딛으면 된다.

"결국 불가능한 일에 도전한 사람은
시간이 흐르면 가능하게 되어 성장하지만
가능한 일만 하는 사람은
나이를 먹어도 가능한 범위가 넓어지지 않는다.
사람의 성장은 회사의 성장과 관계없이
그 사람이 불가능한 일에 도전하고자 하는
각오와 크기에 비례한다."

― 마스다 무네아키, 《취향을 설계하는 곳, 츠타야》 중에서

enjoy your time

손님

지난주에는 손님이 많았다.

어디서 이렇게 찾아온 거지? 할 정도로 줄줄 입장하셨다.

그리고 이번 주는 손님이 없다. 이런 변화에 따라서 시시각각 속으로 은근히 쪼는 것 같다. 손님이 많으면 바빠서 내 책 읽을 시간이 없다고 투덜. 손님이 없으면 이래서 월세는 내겠냐고 투덜.

투덜이인가?

마음이 이랬다 저랬다 하는 나를 볼 때면 우산장수와 짚신장수 아들을 둔 어머니 이야기가 떠오른다. 비가 오면 짚신장수 아들 장사 안 될까봐 걱정, 햇빛이 비치면 우산장수 아들 장사 안 될까봐 걱정. 반대로 생각하면 편안할 것을…. 얼른 생각하면 이 어머니만 어리석은 것 같지만 종종 내 모습이 그러하다.

똑같은 상황에서 어떤 곳에 시선을 고정하고, 마음을 담을 것인가. 굴곡진 생활에서도 좋은 점을 찾아내서 그것에 집중하면 삶의 질이 확 올라간다는 것을 알면서도 종종 이런저런 불평이 올라온다.

손님이 없으면 원래 책방 겸 작업실로 열었으니 내 일을 하면 된다. 손님이 많으면 책방 역할을 잘하고 있다고 생각하면 된다.

지난주엔 손님 많은 덕분에 돈을 벌었고,

이번 주엔 손님 없는 덕분에 시간을 벌었다.

잃은 것보다 얻은 것이 더 많은 삶. 히히.

햇살 좋은 날. 나는 좋고
책은 안좋화 -☼-

열심히하지않습니다

항상 열심히 살았던 것 같다. 미친 열정이다. 엄마 아빠의 부지런함을 보고 자랐으니 내 몸 어딘가에 열정 넘치는 DNA가 있나 보다.

열심히 사는 게 재미있다. 열심히 사는 걸 힘들어하는 사람이 있는 반면, 나처럼 열심히 안 살면 힘들어하는 사람도 있다. 신랑은 너무 열심히 살면 힘들어한다. 이렇게 다른 성향의 사람이 만나서 부부가 되었기에 서로 자극제가 된다.

이번 주 너무 열심히 사는 나에게 툭 던지는 신랑의 말.
"너무 열심히 하는 것 같아."

그래, 열심히도 중요하지만 내가 지금 균형을 잃었지, 살짝 반성하며 하루를 마무리한 날이다. 하고 싶은 게 많다. 그래서 책방 일로 너무 열심히 한 주를 보냈다. 하고 싶은 게 있으면 바로 실행에 옮긴다. 추진력도 미친 추진력이다. 디자인문구 입고하고 싶다는 마음을 은근히 가지고 있다가 확고해진 순간 바로 업체와 계약 맺고 입고 진행해서 제품 블로그에 소개하기까지 1주일이 안 걸린다. 또 다른 제품도 반한 게 있어서 바로 입고 진행.

금방금방 아이디어 노트는 너덜너덜해지고, 이렇게 열심을 다해 산다.

그런데 나는 왜 지금 열심히 살고 있을까?

책방이라는 공간에서 하고 싶은 일이 많다. 좋은 것 찾으면 입고해서 소개해 주고 싶고, 새로운 일 벌이는 게 신나고, 감탄사 나오는 책 발견하면 짜릿하고 재밌으니까. 새로운 아이디어 떠오르고, 맨땅이지만 하나씩 헤딩하면서 일해 보는 게 재밌으니까.

그런데 이렇게 열심히만 달리면 다 감당이 안 된다. 솔로이면, 또는 육아맘이 아니면 가능할 수도 있지만 살림과 육아를 동시에 하려니 열정과 현실 사이에서 감당이 안 된다. 내 일에만 집중하면 가족이 피해를 보고, 나도 과부하 걸리면 짜증이 난다.

'남편! 당신만 일하냐! 난 아침에 밥 차리고, 낮에 일하고, 저녁에 밥 차리고 애 보고 쉴 틈이 없다고! 당연히 일 외에 모든 집안일과 육아는 반으로 나눠서 같이해야지! 지금 많이 함께하고 있지만 부족해!'라며 속으로 투덜거리게 된다.

이런 불평들은 삶의 영역에서 균형이 깨지기 시작하면 나오는 것들이다. 그래서 열심히 달리다가도 이렇게 계속 가면 안 된다는 것을 느낀다. 일, 살림, 육아의 균형을 맞추면서 살아야 되니까 수시로 점검하면서 일할 수밖에 없다. 과부하가 걸리면 이런 생각이 든다. '내가 무슨 떼돈 번다고 애들 떼놓고 일하고 있나.' 그러면서도 그만둘 생각은 없다. '그래, 워킹맘들 밑에서 큰 아이들도 다들 잘 컸잖아… 밤늦

게 데리고 오는 것도 아니고…. 하원하면 잘 놀아줘야지.'

미친 듯이 일하고 싶은 거 나도 알고 너도 알아. 일 좋아하는 사람들이라면 다 그래. 하지만 다시 결혼 전으로 돌아갈 것 아니라면 가정과 일에서 균형을 맞추며 살아야지.

내 삶은 지금 시소. 가정에 무게가 너무 많이 실리면 하던 일이 저 높이 붕 뜨고, 일에 무게가 실리면 가정이 저 높이 붕 떠버린다.

오늘은 마음에서 일의 무게는 조금 떼어놓고, 가정의 무게는 다시 올려야 하는 날이다.

인생은 강약중강약.

우물을 판다

목마른 사람이 우물을 판다. 나는 종종 우물을 판다. 결혼하고 서울을 떠나 지방으로 내려갔을 때 먹고 싶은 음식들을 파는 곳이 없었다. 어쩔 수 없다. 대도시에 수요가 몰리니 음식점도 대도시에 몰려 있을 수밖에.

하여간 먹고 싶은데, 먹을 수가 없었다. 부모님은 맛있는 음식을 먹는 걸 중요하게 생각하는 분들이셨고, 나도 그 영향을 받으며 자랐다. 대충 먹기가 싫었다. 그래서 밥도 안 해보고 결혼한 나는 결혼 후에 인터넷을 보고 닥치는 대로 만들었다.

책방도 내게는 음식과 비슷했다. 책을 마음껏 읽고 싶은데, 대형서점이 없어서, 책을 마음껏 볼 수 없는 목마름에 서점이라는 우물을 파버린 거다. 돈이 많이 들지 않는 일이라면 스스로 우물을 팔 테다! 부족해도, 어설퍼도 파보자. 파다 보면 기술이 늘겠지.

이번엔 바다 앞에서 창작자들의 마켓을 열고 싶었다. 제주도는 창작마켓이 많지만 소도시들은 플리마켓도 많이 없다. 바닷가 앞에 사는 이점을 누리고 싶었다. 서울에 살 때는 홍대 등 다양한 플리마켓 많이 다녔는데, 여기는 마음껏 누리기가 힘들다. 그래서 직접 열어보자 했다.

창작자를 모집하는 것도 어렵고, 찾아올 사람도 적을 수 있지만 우선 해보자고 결심했다. 역시 창작자를 모집하는 것이 어려웠다. 워낙 낯을 가리는 성격이라서 부끄러웠지만, 직접 찾아다니며 나와 같은 마음을 가진 창작자들을 만났다. 처음엔 주저하시다가 본인의 작품을 바닷가 앞에서 소개하고 판매할 수 있다고 하니 마켓에 흥미를 가져주셨다.

바닷가 앞에 있는 카페 사장님도 장소를 흔쾌히 빌려주시고, 창작자들의 창작품 전시를 겸하기로 하면서 전시회도 함께 열기로 했다.

돈 버는 일도 아닌데 너는 또 무슨 일을 벌이냐 하겠지만, 인생 뭐 있나요, 하고 싶은 거 하고 살아야지. 돈 많이 드는 거 아니면 해도 된다고, 다 경험이 자산이라고 믿으며 행사를 준비했다.

창작마켓

    동쪽바다 창작마켓이 열리는 날, 이 먼 곳까지 손님들이 오실까 조마조마했다. 카페 루프탑에서 마켓이 열리는데 비가 오면 어쩌나, 주최한 입장에서 긴장이 되는 날이었다. 나는 내가 쓴 두 권의 책과, 책방에서 판매하는 독립출판물 몇 권을 들고 나갔는데, 내 것이 많이 팔리는 게 중요한 게 아니라 함께하는 창작자들의 작품이 많이 팔려야 할 텐데, 방문

객들이 즐거워해야 할 텐데, 긴장하며 하루를 보냈다. 다행히도 외진 바닷가에서 열린 창작마켓에 많은 시민, 여행객들이 일부러 찾아와주셨다. 무엇보다 단순 기성품을 판매하는 것이 아니라 직접 손으로 만든 것들을 팔고, 창작하는 사람들의 수고를 소개하는 자리니만큼, 가치를 알아봐주는 분들이 찾아주었다는 것이 기뻤다. 바닷가에서의 작은 마켓이라는 꿈같은 행사를 진행했다니, 감격의 하루였다.

창작마켓을 준비하면서 무엇보다 좋았던 점은 숨은 창작자들을 찾아 함께한 일이었다. 잘하는 일이 있고, 전공을 살려 일했던 분들 중 결혼 후 육아와 살림만 하는 분들을 찾아 결혼 전에 하던 일을 다시 준비해서 창작마켓에 나오도록 격려했다. 함께 작품을 준비하면서 다시 창작자 시절로 돌아가도록 도와준 일이 가장 신나고 즐거웠다.

의상디자인을 전공한 분은 집에서 만들어서 선물하던 소품을 상품화시켜 뜨거운 반응을 받았다. 그림을 전공한 분은 집에서 조용히 그림만 그려오다가 창작마켓 날 초상화 그리기 이벤트를 열었다. 오신 분들도 즐거워하셨지만 셀러로 참여하신 분들이 삶의 활력을 얻고 그 순간을 즐기는 모습을 보는 것이 참 좋았다. 나는 두말할 것도 없고.:)

창작마켓에서 개최한 작품전시회 소개글

1인 창작시대

누군가는 음식을 만들고,

누군가는 글을 쓰고,

누군가는 손으로 조형물을 만듭니다.

누구나 창작자가 됩니다.

손으로 하는 작업은 기계로 찍어내는 물건처럼

100% 똑같을 수 없습니다.

반찬을 직접 손으로 만들면

나만의 맛이 나는 새로운 음식이 되고,

같은 흙을 사용해도 조금씩 다른 도자기가 됩니다.

창작은 기계로 찍어낸 반듯함은 없지만

그래서 자연스럽습니다.

그래서 특별합니다.

창작자들이 만든 것을

단순히 돈과 교환하는 공산품이 아니라

시간과 마음을 들여 만든 작품으로 전하고 싶었습니다.

또한 소비자는

창작자가 만드는 시간을 직접 지켜볼 수는 없지만

상품이 만들어지는 과정을 알게 되면

가치 있는 소비로 이어질 수 있다고 생각하여

작은 작품전시회를 마련하였습니다.

동쪽바다 창작마켓,

멘붕

책방을 운영하다가 어느 날 미친 듯이 혼란스러운 날을 보냈다.

나 : 우물 안 개구리였어. 개구리는 굳이 우물 밖을 나왔어야 했을까? 우물 안이 더 행복했던 것 같은데. 우물 밖으로 나오니까 세상이 너무 어마어마한 거야. 우물 안은 아늑했고, 내가 대장이었고, 편안했어. 그런데 우물 밖은

너무 어마어마해 보여. 어떻게 하지? 다시 우물 안으로 들어가면 안 될까?

친구 1호 : 그 개구리는 호기심이 많은 개구리라서 다시 우물 안에 들어가도 금방 우물 밖을 그리워하며 또 튀어나올 거야. 지금은 뛰어오르기 전에 한껏 움츠리는 시기라고 생각하고 최대한 움츠려. 그랬다가 날개를 펴고 날아오르고, 뛰어오르면 돼. 지금은 움츠릴 때야.

나 : 그런가… 다시 우물 안으로 들어가고 싶어….

블로그와 인스타그램, 책에 내 모든 것을 솔직하게 쓴 것에 대해 문득 '내가 잘못한 건가?'라는 생각이 들었다. 내가 혼자서 잘난 맛에 살고 있다는 것이 우스워지는 것 같았다. 그러면서 그냥 아무것도 모르고 우물 안에서 내 멋대로 편하게 살던 때로 다시 도망치고 싶었다.

인스타그램이 문제였다. 인스타그램을 시작하면서 수시로 보게 되는 다른 사람들의 여유로운 일상, 다른 책방들의 매력적인 모습 등. 아! 그렇구나 남들은 이렇게 사는구나.

나도 부족함 없이, 책방 하면서 마음껏 내 멋대로 즐기면서 살고 있다고 생각은 하지만, 또 한편으로 '절약, 냉장고 파먹기 등의 절약생활을 기록해 나가는 것이 궁상맞아 보이나?' 라는 비교의식이 들었다.

나는 지금 충분히 누리고 있고, 남들이 보면 '배부른 소리 하고 있네' 하는 삶을 살기도 하지만, 또 한편으론 적은 월급을 공개하고, 적은 돈으로 알뜰살뜰 살아내는 모습을 공개하는 것이 없어 보였을 것 같다. 공개적으로 글을 쓰는 나에게 사람들은 용감하다 못해 위험하다고 했다. 너무 솔직하다고.

나는 왜 그게 위험한지, 왜 이게 용감한 행위인지 몰랐다. 그런데 이제 조금 알 것 같다. 아, 있어 보이는 사진만 올려야 하는 건가? 남들은 다 가진 돈으로 여유롭게 살아가는구나.

'나는 여유롭다, 심플하다 하면서, 사실은 아등바등 살고 있는 거니? 나 그렇게 궁상맞은 거였니?' 이런 생각을 하기 시작하자, 내가 블로그를 할 의미가 없어진다는 생각까지 들었다. 내 집 같은 블로그라는 공간이 부끄러워지면 나는 갑자기 집을 잃는 충격인데….

더 충격적인 것은, 이렇게 내가 남들과 비교하면서 스스로 작아지고 있다는 거였다. 지금껏 살면서 누구와 비교하면서 작아진 적이 거의 없다. 돈 많은 분이 와서 돈 자랑을 해도 "오~ 돈 많다. 좋겠네, 허허" 하고 넘어갔다. 부러운 적, 내가 작아진 적 없었는데 왜 나는 지금 작아졌을까?

친구 1호 : 너무 높은 사람을 보면 나와 다른 사람이라 생각해서 아무 생각 없는데, 내가 하는 일과 연관된 사람들, 나와 비슷한 상황의 사람들이 나보다 뭔가 더 잘해 보이면 비교되고 더 충격이 큰 거야.

나 : 아, 그렇구나. 그래, 그거였구나. 그러니까 나는 이렇게 멘탈이 약한 사람이었던 거야. 잘난 척하더니 고소하겠어.

친구 1호 : 아니 그게 사람답지. 그렇게 살아.

나 : 그래. 근데 적응이 안 된다. 어떡하지. 나 좀 살려줘.

친구 1호 : 움츠려 있어. 그게 며칠이건 몇 년이건 시간이 지나면 더 활짝 필 거야. 지금 깨달았다니 참 좋은 시기야.

나 : 휴… 알았다고, 알았어. 그래도 어떻게 좀 해줘봐.

친구 1호 : …… ('이제 니 몫이다'라는 듯 더 이상 말을 안 함… 냉
정한 남편 같으니라고.)

나는 참 작아졌다. 많은 책을 접하다 보니 글 잘 쓰는 사
람이 너무 많은 거야. 맞춤법도 자꾸 틀리는 내가 무슨 글을
쓰냐며 작아졌고, 책방을 중심으로 큰 행사를 기획하다 보
니 사람들 많이 만나서 조율하는 게 처음에는 재미있다가
나중에는 피곤했다.

'역시 나는 혼자 일해야 하나. 사회성이 떨어져. 지구력이
부족해. 책을 팔아서 돈을 많이 버는 것도 아니고 나 좋자고
나와서 앉아 있으면서 아이들도 양껏 못 챙기고 몸은 축나
고 스트레스는 받고, 나 지금 뭐 하는 거지?'라는 생각에까
지 이르렀다.

사람이 끝없이 땅굴을 파는 시기가 있다. 그런 모든 일이
복합적으로 일어났다. 하지만 이렇게 불평만 하면서 정신
놓고 쭉 살 수는 없다. 멘탈을 잡으려면 대화를 하고 책을
읽고 생각을 정리해야 했다.

"보기 흉하다고 생각하는 감정은 관객을 의식하고 있다는 증거다."

― 소노 아야코, 《약간의 거리를 둔다》 중에서

나는 지금으로도 충분한데 남을 의식하면서부터 무너지기 시작했다. 그래도 이번 멘탈 붕괴 사태 덕분에 이렇게 사는 것이 진짜 맞는가에 대해서 돌아볼 수 있었다. 좀 더 겸손해지고, 좀 더 나다워지고, 좀 더 굳건해지는 시간이 되길 바라고 있다. 나는 이렇게 계속 성장하겠지. 나는 아직 30대 중반이니까.

그래 60대처럼 의연할 수 있다는 건 말이 안 된다. 그렇게 되려면 그만큼 많은 파도에 맞아야 하는 거니까. 고뇌해서 나는 조금 더 사람다워졌다. 다시 우물 안에 들어가지 말자. 일 벌이고 나서 도망치듯 살았다. 독립적인 척하면서 급한 일, 어려운 일 생기면 엄마 뒤에 숨었고, 결혼 후에는 신랑 뒤에 숨었다. 그런 내가 멘탈적으로 진짜 성장한 때는 결혼 후 신랑이 섬에서 근무할 때 아이 둘하고만 살 때였다. 말 그대로 독박육아. 친정도 멀고 나 혼자 아이 둘을 오롯이 책임져야 할 때 참 힘들었다. 정신적으로 육체적으로. 그런데 도망칠 수 있는 환경이 아니었기에 현실을 수용했고, 스스로 극복해 갔다.

그러면서 돌아보니 '아, 나 정말 많이 컸네?'

초등학생들의 방문

　　인근 초등학교 1, 2학년 아이들이 묵호등대에 견학 왔다가 책방에 놀러 왔다.

　　담임선생님께서 미리 전화로, 책방 구경을 잠시 하겠다고 양해를 구하셨다. 1학년들이 읽기 좋은 책을 추천해 달라고 하셔서 몇 권 권해 드렸다. 한 권 읽어줄 수 있냐고 하시기에 그림책 한 권을 아이들에게 읽어주었다.

《빨강》이라는 그림책이었다. 몸은 파란색인데 빨강이라고 쓴 옷을 입은 크레용에게, 왜 빨간색으로 색칠을 못하냐고 주변에서 다그치는 이야기다. 겉모습이 아니라 내 안의 개성을 발견하고 나답게 사는 것이 중요하다는 메시지가 좋았다. 그림책 내용도 좋고, 아이들을 대하는 선생님 마음도 좋아서 혼자 감동해서 울컥하면서 책을 읽어줬다.

선생님은 아이들에게 읽어줄 책 몇 권을 따로 구입하시고 버스를 타고 돌아가셨다. 일부러 검색해서, 아이들에게 보여주고 싶은 공간을 찾아서 오신 마음.

아이들에게 세상엔 큰 서점도 있지만 이렇게 작은 서점도 있다고 말씀하시면서 "대형서점과 다르게 작은 서점이 좋은 점은 사장님이 책방에 어떤 책이 있는지 다 아신다는 거야"라고 하셨다.

갑자기 책임감과 자부심이 올라가는 순간이었다. 스쳐가듯 금방 둘러보고 나간 아이들이지만 책방 주인의 마음에는 훅 들어왔다. 아이들의 마음속에도 한 조각씩 작은 책방에 대한 기억이 남겠지?

동네 작디작은 책방이고, 아이들에겐 스쳐가는 시간이었

다. 하지만 선생님은 일부러, 세상에는 작은 서점이 있다는 것을 아이들에게 보여주고 싶어서 달려오셨다. 아이들을 잘 가르쳐주고 계시는 것 같아 감사하다.

"사회가 학생들의 값비싼 놀이에 대한 대가를 치르고 있는 동안 학생들은 인생을 '놀듯이 보내거나' 또는 인생을 '공부만 하지' 말고 처음부터 끝까지 그것을 진지하게 '살아'보라는 것이다. …(중략)… 그곳에서는 모든 것이 강의가 되고 실습되지만 삶의 예술은 가르쳐주지 않기 때문이다. 그곳에서는 망원경이나 현미경으로 세계를 관찰하는 법은 가르치지만, 육안으로 세상을 보는 법은 가르쳐주지 않는다. 화학은 공부하되 자기의 빵이 어떻게 구워지는가는 배우지 않으며…."

— 헨리 데이비드 소로, 《월든》 중에서

Henry David Thoreau

독서모임 만들기

책방을 열기 전에 아파트에서 몇 명을 모아서 독서모임을 시작했다. 그리고 책방을 시작하면서 새로운 독서모임을 꾸렸다. 첫 만남은 부끄러웠지만, 이제는 제법 정서적 지지를 하는 모임이 되었다(책방을 정리한 상황에서도 그 독서모임은 쭉 이어지고 있다).

처음 5명으로 시작한 독서모임은 이제 7명이 책방에 빼곡

하게 앉아서 이야기를 나눈다. 7명 이상 되면 토론도 힘들어지고, 앉을 공간도 없어서 신규 인원은 모집하지 못하고 있다. "독서모임이 일주일의 낙이에요"라고 말하는 멤버들을 볼 때면 책방 하길 잘했군 하고 또 생각한다. 혼자 책 읽을 때와 다르게 여럿이 함께 토론하며 읽을 때 시선의 폭이 넓어지며 성장하는 것이 느껴진다.

독서모임을 시작하고 싶은 분들이 문의를 많이 주시는데 주부가 되고 나서 3곳에서 독서모임을 했었다. 도서관에서 운영하는 독서모임에 참여자로 들어갔었고, 그 다음에는 아파트에서 함께할 분을 모아서 시작했고, 최근에는 책방이라는 안정된 공간에서 진행한다.

독서모임 만드는 법
● 모임 구성하기

책방을 운영하면 모집하기가 조금 수월하지만 그렇지 않다면 지역 도서관에서 진행하는 독서모임에 참여하는 방법이 있다. 신규로 모임을 만들고 싶다면 지역 맘카페에 공지해서 모집하는 것도 좋은 것 같다.

모집할 때는 모임을 주최하는 분이 대략의 구성을 정해서 모집하는 것이 좋다.

예

모집인원 : 5명 내외

모임시간 : 화요일 오후 1시 (1시간 30분 정도 진행)

모임장소 : 도서관홀, 가정집, 북카페 등

● **도서 정하기**

책을 정해서 올려도 좋고, 각자 생각해 온 책을 첫 모임에서 이야기해 보고 결정해도 좋다. 모임을 주최하는 분이 몇 권 선택해서 가면 수월하게 진행된다. 첫 책을 함께 읽다 보면 자연스럽게 다음 책은 이런 책이었으면 좋겠다고 이야기가 모아지는데, 아무래도 처음은 주최자가 결정하는 게 좋은 것 같다.

너무 어렵지 않은 책으로 시작해서 점차 깊이 있는 책으로 넓혀가는 것이 처음 오는 분도 부담스럽지 않다. 모임 구성원의 공통관심사가 무엇인지에 따라서 책 선정이 달라지는 것을 보는 맛도 있다.

초등학생 학부모가 많았던 모임에서는 초등학생과 함께 읽을 수 있는 책 또는 초등학생 아이들의 마음을 읽을 수 있는 책을 주로 읽었고, 가게를 운영하는 사람들이 모였을 때는 경영관련 책을 주제로 이어나갔다.

구성원들의 관심사에 따라서 책을 선택해 가면 되니까 우선 시작하는 게 중요하다.

예 | 이전, 현재 독서모임에서 읽었던 책

《풀꽃도 꽃이다》 조정래 | 해냄, 2016

《아이들은 놀이가 밥이다》 편해문 | 소나무, 2012

《내 이름은 삐삐 롱스타킹》 아스트리드 린드그렌, 햇살과나무꾼 역 | 시공주니어, 2017

《어른인 척》 이진이 | 예담, 2015

《어린 왕자》 생텍쥐페리, 김미정 역 | 더스토리, 2018

《빨강머리 앤이 하는 말》 백영옥 | 아르테, 2016

《이철수의 웃는 마음》 이철수, 박원식 편 | 이다미디어, 2012

《아이들과 함께 단순하게 살기》 마리 셜록, 정재윤 역 | 역사넷, 2004

《공부하는 엄마들》김혜은, 홍미영, 강은미 공저 | 유유, 2014

《꿈이 있는 아내는 늙지 않는다》김미경 | 21세기북스, 2014

《탁월한 사유의 시선》최진석 | 21세기북스, 2017

《월든》헨리 데이빗 소로우, 강승영 역 | 은행나무, 2011

《센스의 재발견》미즈노 마나부, 박수현 역 | 하루, 2015

《차나 한잔》김승옥 | 민음사, 2017

《아내를 모자로 착각한 남자》올리버 색스, 조석현 역 | 알마, 2016

《82년생 김지영》조남주 | 민음사, 2016

《페터 카멘친트》헤르만 헤세, 원당희 역 | 민음사, 2017

《여덟 단어》박웅현 | 북하우스, 2013

● **진행**

첫 모임을 어떻게 진행해야 되는지 물어보는 분들이 많은
데 첫날은 긴장되기 마련이다. 내 경우 책을 좋아하는 분들
중에 낯가리는 분들도 있어서 조용히 시작했다. "저도 낯가
리니까 낯가리는 분들 오셔도 됩니다"라고 모집할 때 말하
며 서로 용기를 주기도 했다.

첫날은 책과 독서에 대한 전반적인 밑그림을 그린다. 주

로 어떤 책을 읽을지 정하거나, 왜 독서모임을 하고 싶은지, 어떤 종류의 책을 좋아하고 어떤 독서를 하고 있는지, 결정된 책에 어떤 기대감이 있는지를 이야기한다.

'책읽기를 하고 싶은데 잘 안 돼서 함께 읽으면 좋을 것 같아서 모임을 만들었다'거나, '책을 읽고 나는 이렇게 생각하는데 다른 사람은 어떤가 이야기를 나눠보고 싶어서 모임에 참석하게 되었다' 등 말문을 먼저 열고 한 명씩 이야기 나누며 자연스럽게 이어간다.

다음 모임에 읽어올 분량은, 4장까지 나누어진 책이면 1장까지 읽자고 정해도 되고, 부담 없이 되는 만큼만 읽고 오자고 정해도 된다.

책 읽고 온 뒤의 모임날은 질문지를 만드는 경우도 있는데, 이것도 좋지만 숙제 같아서 긴장하는 분들도 있다. 보통은 자신이 읽으면서 좋았던 부분을 읽어주고, 그에 대한 나의 생각 또는 경험 등을 공유한다.

이런 식으로 멤버들이 한 문장씩 읽고 생각을 이야기하고, 다른 멤버들의 생각을 듣는다.

혹은, 책을 읽다가 이해 안 되는 부분이나, 나는 이렇게 생각하는데 다른 분들은 어떻게 생각하시나요? 하고 질문을 생각해 와서 모임에서 물어보기도 한다. 명문장이 나오면 낭독하듯이 읽으면서 함께 음미한다.

처음에는 내가 책을 선택해서 점차 깊이 있는 독서가 되도록 책을 골랐는데, 몇 권의 책을 하고 나서부터는 공통의 관심사가 생기면서 점차 관심 없고 좋아하지 않는 영역에도 도전해 이번 기회가 아니면 안 읽을 책들도 시도하고 있다.

독서모임을 하면서 한 발짝 한 발짝 사고의 깊이가 깊어지는 느낌이다. 1차원적인 욕구를 좇아서 살았던 사람이 조금은 차분해졌고, 훅 읽고 넘어가는 속독의 책읽기가 아니라 깊이 읽게 되고, 생각을 말로 뱉어내면서 정리 안 되던 생각도 정리가 된다.

독서모임… 처음엔 어색하고 가볍게 시작했는데 시간이 흐를수록 단단해지고 있다.

책의 가치

:: 무게로 잴 수 없는

:: 읽는 사람이 있을 때

비로소 가치가 발휘되는 책.

● 그림 : 책방 앞 전시. 저울 위에 책을 올려놓고, 책의 가치에 대해서 기록한 전시물

책방일기

    동네 책방은 단순한 서점이 아니었다. 책방 초기에 '책방의 힘'이라는 글을 쓴 적이 있는데 시간이 흐를수록 실감하고 있다. 나는 같이 '으쌰!' 하는 일도 좋아하지만 개인적인 시간이 충분히 필요한 개인주의적인 인간이고, 돌봐야 하는 가정이 있기에 지역에서 요구하는 이벤트와 프로그램을 넉넉히 만들지는 못한다.

물론, 내 잘못도 아니고 죄책감도 없다. 아쉬움이 있다뿐. 아, 나도 그런 거 하고 싶은데…. 영업일 5일 동안 하고 싶다고 책방 프로그램을 다 넣으면 책방 운영에 여유가 없어져서 금방 지칠 것을 알기에 책방 일도 조절한다.

손님들은 이런 것도 해주세요! 이런 프로그램 만들어요! 이거 해요! 하는데, 들어보면 다 좋긴 하다.

일 벌이는 거 좋아하는 사람으로서 어느새 팔랑귀가 된다. 하지만 가지치기를 해야 뭐 하나라도 제대로 하는 책방이 되겠지.

이런 목소리가 들리는 것 자체가 동네 서점에는 대형서점과 다른 기대심리가 있다는 것을 일깨운다.

지난번에 초등학생들과 오셨던 선생님은, 아이들에게 작은 책방에 대해서 간략하게 소개하면서 이런 말씀을 하셨다.

"작은 책방이 많아지는 나라가 좋은 나라예요!"

이 말 생각날 때마다 울컥한다.

좋은 나라 만드는 데 저 일조하는 겁니까? 오오오.

작은 책방은 작은 시도를 하면서 하루하루 살아간다.

그래서 우리 책방의 소소한 이벤트 구성은 이런 생각으로 하고 있다.

1차로, 책방지기가 하고 싶은 일 또는 모임이어야 한다.

2차로, 요구하는 목소리가 3명 이상은 되어야 한다. 그래야 혼자서 운영하는 작은 책방에 과부하 걸리지 않고 즐겁게 운영되는 것 같다.

빛나는 청춘, 빛나는 노년

작은 도시 동해시에도 시내와 구시내가 있다. 내가 사는 곳은 젊은 사람들이 많은 편인 시내고, 지금 책방을 하는 곳은 옛날에 유명했던 묵호다. 하지만 지금은 구시내가 된 곳이다. 이곳은 어르신들이 많은 동네다.

책방이 있는 '동쪽바다 중앙시장'은 주로 노인분들이 장을 보러 오시고, 책방 앞을 지나가는 분들도 어르신들이 대부분이다.

요즘 내 안에 질문 하나가 있다. '나는 어떻게 늙을 것인 가?', '그렇게 늙기 위해서 나는 지금 어떻게 살아야 할까?'

왜 이 질문이 지금 나에게 이다지도 중요하게 주어져 있을까? 서울에서 일하고 살 때는 또래들이 열심히 달려가는 것만 보였다. 일하면서 만나는 사람이나, 식당을 가도 대부분 젊은 사람들뿐이었다. 그 시절 나는 계속 젊을 줄만 알고 그들과 경쟁하듯 비교하며 높이 오르기 위해서 미친 듯이 일해야 한다고 생각했다.

그런데 이곳, 이 시골 시장에서 책방을 하면서 내가 만나는 분들은 주로 어르신들이다. 식당에 가도 어르신들이 주름진 손으로 만두를 빚고, 구부린 허리로 서빙을 해주신다.

어르신들의 모습을 자주 보니, 앞으로 나이 들어갈 나의 삶에 대해 깊이 생각하게 된다. '어떻게 성공할까?', '어떻게 승진할까?', '어떻게 해야 더 인정받는 직업을 갖게 될까?' 이런 질문보다는 '어떻게 늙어갈까?', '어떻게 늙어 있을까'에 대한 질문이 많아졌다. 양쪽 질문 모두 열심히 살고, 미래를 대비해야겠다는 질문이지만, 후자의 경우 나의 노년의 모습을 그리며 인생의 방향을 정해 가니, 현재를 즐기기만 하거나 현재 내 몸 버려가며 일만 하는 게 아니라 좀 더 삶을 규모 있게 그리고 내 건강도 챙기는 미래를 계획하게 된다.

독서모임을 같이하는 한 분이 60대 고모를 만나고 와서 들려준 이야기가 내 마음에 콕 박혔다.

60대 고모는 자격증이 10개가 넘는데 그 자격증으로 지금도 학교 방과후 수업에서 강의를 하신다고 한다. 지금도 계속해서 새로운 기술을 배우고 계신 고모는, 30대인 조카에게 너도 지금부터 늙어서까지 할 수 있는 자격증도 따고, 공부도 하라고 늘상 얘기하신단다. 돈이 중요한 것이 아니라 나이를 먹고도 활력 있게 사는 것이 중요하다고 삶으로 말하고 계신 고모님의 이야기를 들으며 책에서 왈가왈부해도 와닿지 않던 이야기가 내 마음에 불씨를 던져놓았다.

젊어서 돈 많이 벌어놓고, 늙어서 매일 여행 다니며 맛있는 것 먹는 것도 평생 일한 사람에 대한 보상일 수 있지만, 나는 생산적 활동을 워낙 좋아하니 70대, 80대가 되어서도 살아 있음을 느낄 수 있는 활동을 하고 싶다. 그러면 30대인

지금 나는 어떻게 살아야 할까? 지금의 시간이 쌓여서 70대의 얼굴과 삶이 될 텐데.

시장 안 작은 천막 안에 나이가 무척 많아 보이는 어르신이 매일 앉아 계신다. 직접 만든 칼국수면 몇 봉지, 두부 몇 봉지를 놓고 팔고 계신다. 그 사정을 내가 다 알기는 어렵지만 돈이 필요해서라기보다 지나가는 사람들 구경하기 위해서 앉아 계시는 듯하다.

처음에는 힘드시겠다 생각했는데, 보면 볼수록 오가는 사람들 구경하며 한 봉지씩 파는 소소한 일거리가 즐거워 보이셨다.

친정아빠는 60대 중반이신데, 자격증을 많이 따놓으셔서 은퇴하고도 여기저기서 오라는 곳이 많아 좋으신가 보다. 엄마는 말씀하신다. 늙어서 일하러 오라는 데가 많다는 것이 얼마나 좋은지 아냐고. 젊을 땐 당연히 모르지…, 돈 많이 안 줘도 나이 들어서 일해 달라고 의뢰받는 것이 얼마나 좋은지….

아, 돈도 좋지만 일할 곳이 있다는 것이 늙어서는 행복한 것이구나. 노후에 노는 것을 목표나 자랑으로 삼기보다 늙어서도 즐겁게 일할 수 있도록 몸을 가꾸고, 기술을 배우고 살아가는 것이 흠이 아니라 멋져 보인다.

그래서 나는 지금도 언젠가 꼭 하고 싶은 일들을 적어나 간다. 이미 살아가고 있는 어른들, 노인들의 삶을 보며 나의 갈 길을 계획하는데 늙어갈수록 어딘가에 공헌할 수 있다는 것이 삶의 활력이 되고 자존감으로 이어지는 것을 보니, 경 제적인 측면이나 정서적인 측면이나 노후준비가 중요하구 나 싶다.

정서적인 측면은 돈만 많이 쌓는다고 채워지지 않는다. 늙어서 돈이 아무리 많아도 집에 가만히 앉아 있기만 한다 면 외로울 것 같다. 그래서 경제, 정서 모두 연금준비가 필 요하다는 생각이 들었다. 난 지금의 삶이 노후준비라고 생 각한다.

젊을 때 돈을 적립해서 노후에 연금으로 쓰듯이 젊을 때 쌓은 작은 점들이 모여 노년에도 어딘가에 기여하는 활동으 로 이어지고, 충만한 여가활동도 가능해진다고 생각한다.

지금 내가 하는 일들도 노년을 위한 점들로 쌓여가겠지….
이렇게 매일 글을 쓰고, 책을 읽고, 조금씩 도전하고 싶은
것들을 경험해 가는 것이 노년으로 가는 한걸음 한걸음이
되겠지.

Q

가게를 처음 내려는 주부에게
해주고 싶은 말은?

A

완벽하게 준비하려면 아무 일도 시작할 수 없다는 말을 듣고 용기내서 시작했어요. 하면서 배우고, 수정하는 과정에서 단단해진다면서, 가게 계약하면 월세 내야 하니 등 떠밀려 저절로 하게 된다고 하더라구요. 우선 시작하는 것이 중요하다고 생각해요. 그리고 처음 하는 일이라면 투자금을 최소로 하는 것이 가장 좋더라구요.

저는 투자금 1000만원 미만으로 시작했습니다(보증금 300만원, 인테리어, 가구, 기타 시설비 300만원, 책 입고비 200만원). 요샌 장사하려면 특히 인테리어에 많은 돈을 투자하게 되는데요. 전 돈이 없어서 중고물품 구입하고, 직접 페인트칠하고, 책도 한 번에 못 들여오고 조금씩 추가하면서 입고했어요.

무엇보다 월세 싼 곳을 찾고 찾아 월세 20만원에 가게를 얻었지요. 시골이라서 저렴한 것도 있지만, 그만큼 유동인구도 거의 없어서 처음엔 수입이 없다시피 했어요. 장단점이 있는 것이죠. 그래서 SNS를 통해 열심히 홍보하는 수밖에 없었어요.

투자금이 적어야 일하면서도 스트레스 덜 받고, 약간의 부담감과 즐거움을 적절히 섞어서 일할 수 있는 것 같아요. 낡은 건물 페인트칠만 하고, 중고가구 사용하니까 이쁜 건물, 이쁜 가구들 보면 주눅들어서 일부러 잘나가는 건물이나 사업체의 SNS는 안 보려고 했어요. '빈티지가 유행이다~' 이렇게 생각하기로 하면서 말이죠.

지금 당장 완벽하게 준비되지 않았다는 생각이 들어도, 일단 시작해 보면 어떨까요? 가게는 점점 발전해 가는 모습을 보여줄 때 더 매력적인 공간이 되는 것 같아요. 당장은 남들보다 돈을 적게 들이는 것 같아도, 적은 투자금으로도 얼마든지 자신만의 색을 가진 가게를 만들 수 있답니다. 다른 가게보다 예쁘게, 멋있게 만들려 하기보다 자신만의 장점을 갖춘 곳으로 차근차근 만들어가 보세요.

Q

가게를 냈는데 돈은 안 벌리고…
슬럼프 어떻게 극복하나요?

A

책방은 순수익이 매우 적어요. 유동인구도 없는 곳에서 음료도 같이 안 팔고, 저같이 장사하면 정말 돈 벌기 힘듭니다. 그래서 이제 책방 하시는 분들에게는 되도록 음료를 같이 팔라고 말할 정도입니다.

더구나 자리도 계속 지켜야 하는 지구력의 싸움이 책방이었어요. 사실 돈이라도 벌리면 앉아 있는 게 재미있을 텐데 그게 아닐 때는 슬럼프 옵니다. 그럴 때 저는 "나는 지금 학원을 다니는 거다", "경험을 배우는 중이다"라고 자기주문 외우면서 시간을 보냈어요. 그리고 캔들과 꽃을 함께 소개하고, 책 선물 서비스 등을 시작하면서 개성 있는 판매방식에 대해 고민하며 시간을 보냈습니다. 분명 돈 못 벌 줄 알았으니, 월세 싼 곳 찾아다니길 잘했던 것이죠.

비록 큰돈은 못 벌었지만, 책방에서의 여러 가지 경험들이 책방을 정리하고 이사한 뒤에 온라인 서점을 하는 데 큰 기반이 되었어요. 당장 힘이 들더라도 내가 지금 할 수 있는 것들을 찾아서 하다 보면 나중에 쓸모가 있겠지, 분명 도움을 받을 수 있을 거란 거시적인 생각으로 슬럼프를 극복하는 게 좋은 것 같아요. '매일매일이 성장해 가는 과정이다'라고 생각하면서 말이에요.

every day
my day

3부

다시,
육아

슬픈 소식을 전합니다

신랑이 발령이 났고 주말부부도 할 수 없는 상황이라 책방 영업을 종료해야 합니다.

이런 글을 1년 만에 쓸 줄은 몰랐습니다. 원래도 신랑과 떨어져 지냈는데, 아이들한테 손이 더 많이 가던 시기에도 혼자 잘 키웠는데, 굳이 잘되는 책방을 두고 왜 따라가는지, 신생아 혼자 키우며 더 힘든 시간도 잘 보냈으면서 지금 행복한데 왜 가냐고 스스로에게 질문도 던지고, 주변에서도 많이들 물어보십니다. 첫째 15개월에 둘째 임신 4개월 때 신랑과 떨어져서 영아기의 두 아이를 낯선 타지에서 혼자 키웠습니다. 힘들었지만 어쩔 수 없는 상황임을 받아들이고 애썼습니다. 그 스트레스 풀려고 글도 쓰고 집도 비웠습니다.

잘 이겨냈습니다. 우울증에 빠지지 않고, 징징거리지도 않고 힘차게. 그리고 오랜만에 1년을 완전체로 함께 살았습니다. 워낙 친구 같은 신랑이고 아빠 역할을 멋지게 하는 사람인지라 함께 살면서 그 맛을 보니까… 좋습니다.

언제 이사 갈지 모른다고 손 놓고 있으면 아무 일도 못할 것 같았기에, 처음 책방을 열 때는 남편이 다른 지역으로 발령이 나더라도 나는 여기 남아서 계속 일해야지 생각했습니다. 하지만 최근 몇 달간 남편과 떨어져 지낸 기간, 아이들이 놀다가도 탄식처럼 "아빠 보고 싶다" 소리를 내곤 합니다. 징징거리면서 아빠를 찾으면 해소라도 될 텐데 혼자서 끙끙거리는 첫째아이, 울면서 아빠 찾는 둘째아이, 그리고 우리 부부도 서로 보고 싶네요.

'부부가 떨어져 살면서 애 키우는 집도 많은데 내가 너무 약한 생각 하는 걸까?'라고 생각해 봤는데, 신랑이 말하더군요. 같이 사는 게 당연한 거라고, 그럴 수 없는 상황의 사람들이 힘든 걸 감수하고 있는 거라고. 남들 다 떨어져 산다고 우리도 참고 그렇게 살 필요는 없다는 말 덕분에 내가 좀 더 행복하게 생활하고 싶어 아쉽지만 책방을 마무리합니다.

14년 넘게 사귀고 살아오면서 내가 하고 싶어 하는 거 말린 적 없고, 무조건 오케이하던 남편인데 이번엔 같이 살고 싶다는 모습 보이니 더욱 함께해야 한다는 생각이 드네요. 지금 우리 아이들 4세, 6세! 시간이 더 지나 어린 시절 일을 까먹을 수 있겠지만, 중고등학생이 되어 아빠 안 찾을 만큼 커버린 아이들 옆에서 아빠랑 엄마랑 놀자고 하는 것보다 서로에게 서로가 필요한 결정적인 이 시기에 함께 사는 게 맞다는 생각이 들었습니다.

일주일에 한두 번, 몇 달에 한 번 봐도 아빠가 아이들을 충분히 사랑해 주면 되겠지만, 부부나 아이들 사이에서 양적인 시간도 무시 못하니까요. 연애할 때도 서울 – 부산을 오가며 한 달에 한 번 만나면서 8년을 보내고, 결혼해서도 떨어져 산 기간이 많아 14년이 넘도록 신랑과 함께하면서도 양적인 시간은 턱없이 부족했습니다. 그래서 그동안 서로 하고 싶은 거 하면서 자유롭게 살았어도, 연애 때와 가족일 때, 아이를 키울 때는 또 다른 것 같습니다.

마음 정하기까지 책방과 가족 49 : 51의 비율로 고민했습니다. 그래서 아직도 갈팡질팡하면서 책방을 닫아야 한다는 슬픔이 49% 있지만 조금 더 행복한 것 찾아서 갑니다. 아이들에게, 신랑에게 전적으로 희생적인 여자는 아닙니다. 내가 행복하고자 가는 거지요. 여기서도 미치도록 행복하지만, 가정이 편안해야 바깥일도 잘된다는 말도 믿어요.

책방은 아무것도 모르는 상태에서 무데뽀로 장사를 시작한 곳이고, 좌충우돌하면서 1년을 갈고닦은 곳이지요. 처음엔 나랑 블로그 이웃들만 좋아하던 곳이었는데 갈수록 동해 시민, 동해 여행객들이 좋아하는 곳이 되어서 나만의 공간이 아닌 곳이 되었습니다.

나만 상실감 느끼고 끝나는 게 아니라 여기를 오려고 계획하는 블로그 이웃들, 휴가 나오면 올 거라고 계획하는 군인들, 여름휴가 때 다시 오겠다고 말하는 사람들, 태백에서부터 정기적으로 찾아주는 손님, 그리고 매주 책방에 오는 단골손님들까지, 나 혼자만의 상실로 끝나지 않는 공공의 공간이 되었습니다. 제가 손님이라도 이곳이 끝나면 너무 슬플 것 같습니다. 상실감, 좌절감, 안타까움, 슬픔, 아쉬움, 속상함, 스트레스, 한숨만 푹푹 쉬며 눈물도 났습니다.

얼마 전에 다른 책방 주인분이 책과 함께 보내온 엽서에, 오래도록 남아달라는 말. 책방 손님에게 받은 편지에, 책방 열어줘서 고맙다는 말. 방명록에 종종 보이는, 이곳에 책방을 열어줘서 고맙다는 말. 그 모든 사람들을 실망시키는 것도 싫고, 멀리서 어렵게 찾아온 분들에게 허탈감을 안겨주기도 싫습니다. 그리고 동해엔 이런 공간이 극히 적어서 너무 소중한 공간이란 것도 압니다. 서울이라면 다른 책방이라도 가겠지만 여긴 only one….

후… 나는 그래요. 나는 가정 안에서 나부터 행복해야 하는 존재예요. 그래서 나 행복하고자 아이들 맡기고 커피숍도 가고 여행도 갑니다. 책방도 열어요. 그런데 또 나만 행복한 건 싫습니다. 가족 모두 행복을 나누며 서로 양보하면서 균형을 맞추고 살아가는 게 행복해요. 육아 때문에, 신랑 때문에 어쩔 수 없이 이사 가는 상황은 맞지만, 그렇다고 내가 억지로 끌려가는 건 아닙니다. 나도 가족도 모두 안정적으로 사는 것도 중요해요. 그래서 가족 때문이라고 불평할 맘은 없습니다.

갑작스럽게 발령 나는 이 상황이 황당하고 슬프지만, 현실로 받아들이고 슬픔도 충분히 느끼고 가려고 합니다.

시간 사이의 균형

책방을 정리하기로 한 이후, 블로그 이웃들의 아쉬움과 응원 그리고 책방과 관련 있는 동해시 사람들의 서운함을 고스란히 느낀 몇 주간이었다. 결정을 내리는 데 있어, 가장 먼저는 신랑과 아이들과 함께 한 공간에서 사는 것이 중요하고 필요하다고 생각했다. 사람들이 가지 말라고 아쉬워해도, 꼭 가야만 할까 다시 생각해 보아도, 나 역시 이 좋은 공간이 없어지는 것이 아쉬워도, 신랑과 같이 살자는 결정을 바꿀 생각은 들지 않는다.

다만, 손님들과 이야기를 나누면서, 나보다 오랜 세월을 살아온 인생 선배들과 이야기를 나누면서, 집도 육아도 나의 일도 균형 있게 챙기는 방법에 대해 생각을 넓혀간다.

· 하고 싶은 일을 하되, 일이 내 삶을 지배하지 않는 것을 원칙으로 삼고 있다.
· 육아는 힘들고 일은 즐겁다. 그 반대이기도 하다. 그래서 함께 해야 지치지 않는다.

— 문화다방,《집에서 만드는 책》중에서

가정과 일 그리고 나 자신을 사랑하는 시간 사이에서 균형을 맞추기 위해 책방 오픈시간도 10시에서 4시까지로 하고, 일요일 월요일은 쉬면서 균형을 맞췄다.

수익은 많이 낼 수 없는 운영시간이었으나 내가 처한 현실에서 어느 것 하나 포기하지 않아도 되는, 일하면서도 나름 균형 있는 운영이라 좋았다. 어디서건 책방을 다시 열면 된다고 주변에서 말하지만, 혹시나 내가 다시 열어 사람들에게 그곳에 놀러 오라고 하면 부담이 될 것 같고, 다시 공간을 만들었다가 접게 되면 또 한번 힘든 이별을 해야 하는 게 두려워서 아예 생각도 하지 말자는 생각도 든다.

그래도 이럴 수도 있고 저럴 수도 있는 게 인생이니 한번 문 닫았다고 모든 것을 멈출 필요는 없다. 블로그 독자이면서 책방 손님인 이웃들과 이야기 나누며 내가 또 다른 방향으로 생각만 해오던 것을 실행해도 되겠구나 하는 용기를 얻었다.

책방을 정리할 때는 마음이 몹시 힘들었지만 아예 열지 않았던 시간보다 좋았으니 앞으로의 일을 너무 따지지 말아야지. 너무 빨리 달리지도 말아야지. 이사를 가서도 할 수 있는 일이 있을 테니, 일과 가정, 나를 사랑하는 시간 사이에서 균형 맞추면서 살아가면 되겠지.

책방 손님

책방을 정리하는 주간 내내 손님들이 마음을 살며시 전하고 가셨다. 조용히 오시던 손님들은 조용히 작은 선물을 주고 가셨고, 눈빛으로 안녕을 고하기도 했다. 그럴수록 나는 더 미안해지고, 아쉬워진다.

오늘 온 한 소녀.

책을 좋아하는 고등학생이라는 사실만으로 반가웠던 그

녀였다. 선물과 함께 편지를 주고 갔다.

"처음 책방에서 저는 '이렇게 살고 싶다'고 생각했습니다. 저는 우울증이 있습니다. 살아갈 이유를 찾지 못했습니다. 그런 저에게 '이렇게 살고 싶다'는 마음은, 생각은, 정말 정말 큰 의미였습니다. …(중략)… 저는 그 일기를 시작으로 '살고 싶은 나를' 조금씩 만들어가고 있습니다."

다 옮겨 적고 싶은 글이지만 프라이버시를 위해 여기까지만 옮긴다. 이 편지는 오래 보관할 거다.

내 책방이 얼마나 가치 있었는지, 소중했는지, 나도 몰랐던 이유를 전해 주는 여러 사람들의 다양한 이야기에 눈시울이 붉어졌다. 특히 이 편지는, 다시 서점을 해야 되겠다는 생각이 들 정도였다. 그래도 책방이 없어져도 그 행복 불씨를 가지고 앞으로 살아갈 삶의 계획을 세웠다는 편지의 희망찬 마무리를 보고 다행이다 싶었다.

강원도 동해시라는 작은 도시의 서점에 들러주셨던 많은 손님들, 먼 길임에도 여러 번 찾아와주신 분들, 그리고 가게를

정리한다는 소식에 일부러 다녀가신 손님들에게 감사하고,
좀 더 오래 지키지 못해 미안한 마음이 가득한 시간이었다.

책방하며 내가 얻은 이득

1. 숨어 있는 주옥같은 책을 정말 많이 알게 되었다!

2. 임금 대신(?) 책을 마음껏 갖게 되었다.

3. 가치관을 공유할 수 있는 사람들을 많이 알게 되었고, 토론할 수 있었다.

4. 마음의 그릇이 조금 더 넓어졌다.

5. 돈으로 따지기 힘든 엄청난 경험치를 얻었다.

6. 다음에라도 다른 가게를 열 수 있겠다는 자신감을 얻었다.

7. 좋아하는 일을 하려면 싫은 영역도 20% 정도 감내해야 한다는 것을 몸소 체험했다.

8. 사람들에게 필요한 공간을 만들었다는 뿌듯함을 느꼈다.

9. 새로운 일 도전하면서 나도 알지 못했던 내 성격과 기질을 알게 되었다.

10. 행복했다.

전지훈련의 메카, 고성

    난 시간을 쪼개서 움직이는 것을 좋아한다. 난 살림보다 일을 좋아한다. 5살, 7살이 된 아이 둘이 어린이집에 다니기 시작하면서 5년간의 집육아를 끝내는 기분도 들었다. 물론 아직 어려서 손이 가지만 나는 바로 하고 싶은 일들을 적어갔고, 준비했고, 책방을 시작했다. 역시 생긴 대로 살아야 하나 보다.

지금은 책방을 정리하고 신랑의 직장 따라 강원도 고성으로 이사를 왔다. 처음에는 너무 외진 작은 어촌마을에 간다고 주변에서 걱정해 주셨다. 그런데 이사 와서 며칠 지난 뒤 '전지훈련의 메카 고성'이라는 현수막을 봤다.

　조용하고, 사람도 없고, 공기도 좋고, 여름엔 시원하니까 운동선수들이 훈련에만 집중할 수 있어서 전지훈련을 오나 보다. 문득, 나도 전지훈련 온 것 같다는 생각을 했다.

　인구가 많지 않아서 공공기관의 문화사업에 대한 기본 공급은 있지만 수요자는 적어서 빨리만 신청하면 여러 가지 문화수업도 공짜로 들을 수 있다. 마음껏 배울 수 있는 여건과 장소가 생긴 거다. 고성으로 이사를 안 왔으면 이렇게 무료수강도 마음껏 못했을 텐데 말이다. 더불어 쇼핑할 곳, 외식할 곳이 별로 없어서 돈 쓰는 데 정신을 팔 수도 없다. 가정을 돌보고 나를 키우는 데 집중할 수 있는 시간과 공간을 갖게 된 느낌이다.

　처음엔 답답했다. '당장 일도 하고 싶고, 책방 그대로 했으면 더 많은 사랑을 받지 않았을까?' 생각하면 아쉽기만 했다. 하지만 생각을 바꾸니 지금 이 시간이 다시 오지 않을 기회 같다. 아이들 크면 지출이 많아진다는데, 그러면 억지로 나가서 돈 벌어야 할 수도 있을 텐데, 지금 나는 나를 충분히 채우고 스스로를 키울 수 있는 시간을 선물받았잖아라고 생각 중이다.

막 다 싫은 그런 날도 있다. 누구는 밥하기 좋아서 냉파(냉장고 파먹기)하고, 돈 쓸 줄 몰라서 절약하고, 나가서 놀 줄 몰라서 일할 줄 몰라서 집에서 애만 보나! 어쩔 수 없으니 피할 수 없으니 불평하지 않을 뿐이다. 불평해서 내 삶이 슬퍼지는 것은 못 봐주겠어서, 피할 수 없어서, 즐기면서 살 궁리를 한 거였다. 그런데 여기 고성에서도, '전지훈련' 왔다고 생각하니까 이곳이 좋아졌다.

> **전지훈련.** 정확한 뜻을 검색해 봄.
>
> 네이버 국어사전:
> 신체의 적응력을 개발·향상하기 위하여 환경 조건이 다른 곳으로 옮겨 가서 하는 훈련

정신과 신체의 적응력을 개발, 향상하기 위해 낯선 환경에서 생활하고 있는 지금이 내가 앞으로 나아가기 위해 꼭 필요한 훈련의 시간이라고 생각하니 이곳에서의 생활도 잘 일궈나갈 수 있을 것 같다.

겁이 많다

고성으로 이사 간다고 하자, 동해에서 친해진 지인들이 "새롬인 이사 가도 걱정 안 돼", "어딜 가도 잘살 애야"라고 말했다. 그런데 문득, 난 원래 이런 사람이 아니었다는 게 떠올랐다.

난 겁이 많았다. 초등학생 때 새 학기만 되면 학교에 가지 않았다. 낯선 새 학기가 싫어서 배 아프다고 안 가기도 하고, 발표하기 싫어서 도망 다니기도 했다. 처음 마주하는 환경의 낯섦이 싫었다. 중국집에 전화로 짜장면도 못 시켰다. 부끄러워서 말을 못해 가게에 가서 가격도 잘 물어보지 못했다. 학창시절에도 책상에 앉아서 다이어리 꾸미고 책 읽으며 조용히 지내는 학생이었다. 활동적이지도 않아서 체육시간은 어떻게 해서든 빠지려고 머리 쓰고 숨어 있고 했다. 대학생이 되어서는 사회에서 하는 일이 무서워서 학교 안에서 할 수 있는 아르바이트 자리만 찾았다. 내 자신이 겁쟁이 같았다. 사회의 아르바이트는 보통 서비스직이 많은데, 새로운 곳에서 매일 새로운 사람을 대하는 일이 두려웠다. 그래서 대학교 울타리를 벗어나는 걸 무서워했다.

내 안의 틀이 조금씩 깨지기 시작한 건 20살이 지나면서부터다. 나와는 다르게 언니는 누가 권하지 않아도 혼자 여행 가고, 몇 달씩 워킹홀리데이를 떠나기도 했다. 결정적으로 나를 우물 안에서 나오게 한 건, 20살에 만난 남자친구(지금의 남편)한테서 중학생 때부터 혼자 하이킹을 다녔다는 충격적인 이야기를 들은 거였다.

안전한 가정에서 편하게 살면 된다고 생각하던 나였다.

여행도 아빠 엄마랑 다닌 게 전부였고, 혼자 갈 필요를 못 느끼고 살았다. 그러다 대학생 때 배낭여행을 처음 시도했다. 혼자 세상에 나가보니 낯선 곳에서 살아남기 위해서는 사람들에게 말을 걸어야 했고, 낯선 환경에 빨리 적응해야 했다. 처음 배낭여행을 가기로 했을 땐 재미있을 거라는 기대도 있었지만 낯선 환경을 피해 안락한 생활에만 안주하려 하는 나를 변화시키고 싶어서였다.

그렇게 10년 넘게 흐르니 새로운 곳에 가는 것이 두렵지 않고 설레기 시작했다. 이젠 낯선 장소에 적응하는 것이 좀 빨라졌다.

하지만 10년이 지난 지금도 난 여전히 낯을 가린다. 사람을 사귀려면 시간이 오래 걸린다. 당돌한 척하지만 시장에서 가격도 잘 물어보지 못하고 버스 탈 때도 잘 물어보지 못한다. 그나마 낯선 환경에 적응하는 속도는 빨라졌다. 하나씩 변해 간다.

10대, 20대를 돌아보면, 30대의 나는 참 많이 변해 있다. 40대는 또 어떻게 변해 있을까. 내가 이루고 싶은 내 모습을 그려보고, 또 그렇게 되기 위해 일부러 인도 여행을 갔듯이 일부러 무언가를 해나간다면 40대에 내가 원하는 모습에 조금은 닮아 있겠지? 그게 어떤 가시적인 성과일 수도, 성격일 수도, 마음가짐일 수도 있겠지. 난 어떤 40대가 되고 싶은가.

육아도, 일도 다 하고 싶다

나는 일도 좋아하고 공부도 좋아한다. 그래서 육아와 살림을 하고 있으면서도 온전히 커리어우먼으로 살아가는 내 모습을 상상한다. 가끔은 내가 왜 여기 있는지 생각한다. 그럴 때마다 다독인다. 아직 난 일도 공부도 포기하지 않았다고. 다만 지금은 개구리가 뛰어오르기 직전 움츠린 시기라고 생각한다.

나는 결혼한 여자고, 가정의 초석을 단단하게 세워야 하는 사람이다. 지금은 아이들과 함께 시간을 보내며 육아에 집중한다. 단, 흘러가는 대로 살지는 않으리라 결심한다.

"지금 내가 맡은 주부란 일을 잘 해내야 나중에 다른 일도 잘할 수 있으리라 믿는다. 모든 일은 연결된다지. 살림과 육아에 보낸 시간이 경험과 노하우로 내 몸에 배게 하리라. 이 시간을 겪어보지 않은 사람은 잘 모르는 시간과 경험들을 새겨야지…."

– 장새롬, 《멋진롬 심플한 살림법》 중에서

한창 어린 두 아들 육아하던 2년 전 쓴 글에서 난 뛰어오르기 전, 움츠린 시기라고 생각했다. 그러다가 책방 한다고 뛰어올랐다. 후회 없는 한 해를 보냈다. 그리고 난 다시 집으로 돌아왔다. 또다시 난 책의 저 부분을 생각하고 있다. 1년 사회에 나가보니 가정을 잘 꾸리는 것의 소중함을 더 느꼈다.

내가 다시 본격적으로 사회생활을 하게 될 날이 1년 뒤일지, 10년 뒤일지 아직 모른다. 하지만 나는 계획을 세운다.

당장 뚜렷한 계획이 없더라도 당장 못한다고 생각을 뒤로 미루지 않고 지금 깊이 구체적으로 생각하는 과정도 소중하다고 스스로 다독인다. 준비되어 있으면 기회가 왔을 때(시기적, 운명적, 경제적 혹은 다른 뭐든 기회가 될 때) 확! 잡을 수 있다고 믿는다. 기회가 온 뒤에 준비하면 늦다.

내 다이어리는 현재와 미래가 섞여 있는 공간이다. 언젠가 본격적으로 하고 싶은 일들을 적고, 그 일들을 하려면 지금 내가 무엇을 준비해 가면 될지 생각한다. 육아와 살림에 매여 시간이 많이 없을지라도 틈틈이 준비할 수 있는 것들이 무엇인지 현재와 미래 사이를 적어간다. 그리고 현재 내가 할 수 있는 일들을 조금씩 한다.

블로그에 하루 한 페이지 이상 글을 쓰고, 틈틈이 그림을 그리고, 책을 읽고, 하고 싶었던 걸 조금씩 배워간다. 남편 직업의 특성상 아내가 가정에서 더 많은 역할을 해야 하는 상황인지라 이런저런 일로 멈칫할 때마다 '천천히 가면 되지'라고 생각한다. 틈틈이 준비하는 시간도 충분히 행복하니까. 내가 계획했던 일들이 5년, 10년 뒤에 그대로 이루어지지 않더라도, 틈틈이 쌓은 경험과 노력들로 다른 어떤 일이든 할 수 있을 거라고 믿는다.

주제넘지만, 혹시 일도 하고 싶고 육아와 살림도 잘하고 싶은 양가감정이 든다면, 지금 당장 일을 못해서 조급함이 생긴다면, 아이들은 금방 크고 100세 시대에 인생은 길다고 생각하면서, 다시 일을 하게 된다면 어떻게 할지 구체적으로 계획을 세워보고, 그때가 되었을 때 잘 해가려면 지금 여기서 무엇을 준비하면 되는지 적어보라고 말하고 싶다. 이렇게 하면 살림과 육아를 하면서도 내 일을 하고 있는 느낌이 들어 긴 호흡으로 바라보게 된다.

난 여전히 갈팡질팡, 전업주부도 아니고 워킹맘도 아닌 어중간한 상태다. 아예 마음을 다잡고 '주부가 나의 직책이고 집이 내 직장이다'라고 생각하면 그런대로 살림도 재미있다. 하지만 난 양다리를 걸친 것처럼 호시탐탐 일할 거리를 찾는다. 그러면서 '난 일하는 여자가 될 거야!'라고 결단 내리지도 못한다.

나는 가정의 평화와 아이들의 안정감을 위해서, 아이가 아직 어릴 땐 어른이 집에 있으면서 많은 부분 신경 쓰는 게 좋다고 생각한다. 그게 남자가 되었든 여자가 되었든 상관 없이 부모 중에 한 사람, 또는 조부모님이라도 말이다. 아이가 집에 돌아왔을 때 누군가 있었으면 좋겠다.

하지만 그러기 위해서는 밖에서 많은 시간 일하기는 어렵다. 일을 하더라도 파트타임, 자영업 등 제한이 있다. 워킹맘들도 아이들 잘만 키우는데 난 왜 그 부분에서만큼은 과감해지지 못하는지…. 결국 난 살림도 프로처럼 하기 싫고, 일에 있어서도 올인하며 투자할 자신도 없는 채 양발을 양쪽에 어설프게 걸치려는 것이다. 왜 난 양다리를 포기 못할까? 살림을 포기하거나 일을 포기하거나 하면 될 텐데 왜 욕심을 버리지 못할까? 생각해 보니, 난 여자이고, 아내이고, 엄마니까 그런 거다.

여자이기만 했다면 이런 양다리 걱정은 없을 거다. 단순히 누군가의 아내이기만 했다면, 아이의 엄마로서만 존재하고 산다면 이런 고민 안 했을 거다. 난 여자, 아내, 엄마 그 자체니까 이런 균형에 대해 고민하는 게 당연한 거 아닐까. 어느 하나 포기하지 않는다는 건 어느 하나의 정체성도 버리지 않고 균형을 맞추기 위해 발버둥 치는 과정인 거겠지.

신혼 때는 아내로서의 삶에 적응해 갔다. 아이가 태어나면서부터는 엄마라는 역할을 배우고 적응해야 했다. 처음부터 변함없는, 타고난 정체성도 항상 나와 함께한다. 이 모든 정체성을 퍼즐 맞추듯 조화롭게 균형을 맞춰가는 과정이 지금 내 30대라는 생각이 든다. 이렇게 조율하고, 내 안에서 맞춰가다 보면 40대, 50대엔 좀 더 단단하고 안정된 내가 되어 있지 않을까? 그때 내가 왜 여자사람으로서 내 욕심만 챙겼을까 후회하지 않고, 그때 내가 왜 자식에게 올인했을까 후회하지 않고, 그때 내가 왜 남편만 바라봤을까 후회하지 않으면서 나이 들게 되지 않을까?

지금 이 몸부림은 서핑을 처음 배울 때 파도에서 균형을 잡기 위해 안간힘 쓰다 넘어지고 일어서고, 또 넘어지고 일어서는 과정일 거다. 파도를 편안히 타기 위한 자연스러운 과정. 그러니까 굳이 어느 하나를 포기하지 않아도 된다. 조율하면 된다. 몸에서 익숙해지도록.

드로잉북 한 권 채우기

그림 그리는 걸 좋아했다. 엄마는 내가 초등학교 1학년일 때 미술학원을 보내주셨는데, 무슨 일인지 중간에 그만두게 하셨다. 중간에 학원을 그만둔 게 안 좋은 기억으로 남아버렸다.

엄마는 왜 미술을 그만두게 하셨을까? 조금 커서 엄마에게 물어보니, "체력도 약한 애가 미술학원 가면 몇 시간이

가도 안 오잖아. 건강 해칠 것 같아 그랬어. 그리고 그 시대에는 예술은 안 하는 게 좋다는 통념도 있었으니까" 하신다.

그렇게 나는 나에게는 미술에 재능이 없고, 그림 그리는 건 고생하는 일이라는 생각을 갖게 되었다. 하지만 억누른 미술에 관한 관심은 학창시절 내내 일기장과 다이어리를 꾸미는 것으로 표출되었다.

대학교에 가서는, 많은 대학생들이 한번쯤 고민하듯이 다니고 있는 학과 말고 다른 학과를 다니고 싶었다. 디자인과. 이제는 갈 수 있을 것 같았다. 어릴 때야 어른들이 안 된다고 하면 수긍했지만, 20살이 넘었으니 내 인생 내가 선택할 수 있는 것 아니겠어!

"엄마, 나 디자인과로 바꾸고 싶어!"라고 고백했다. 엄마도 내심 그림 그리기 좋아하는 딸을 그만두게 한 것이 미안하셨나 보다. 그때 당시 엄마는 동대문종합상가에서 실가게를 하시며 뜨개질을 가르치셨는데, 손님 중에 디자이너들도 많았다. 디자이너 손님들에게 디자인과를 나오면 어떤 일을 하게 되는지 물어보고, 적극적으로 나에게 팁(Tip)도 전달하셨다. 그리고 모 디자이너 밑에서 아르바이트를 해보는 게 어떠냐며 연결해 주셨다.

그런데 정작 나는 생각만 하고 아무 움직임도 하지 않았다. 용기가 부족했다. 엄마의 정보수집과 현장 연결을 모두 차단했다. 두려웠다. 20살. 그때만 해도 나는 매우 잘하는 사람만 할 수 있다고 생각했다. '나는 TV에 나올 만큼, 유명해질 만큼 소질이 없으니까…. 역시… 안 되겠지. 현실에 안주하자.' 그냥 그렇게 내 전공에 열정을 쏟아부었다. 과거에는 어른들이 나의 즐거움을 막았다면, 20대에는 나 스스로 틀에 가둔 것이다.

그리고 지금, 나는 안다. 1등이 아니더라도, 최고가 아니라도, 세상 모두 박수칠 정도로 잘하지 못하더라도, 즐겁다면 즐기다 보면 잘하게 된다는 것을, 잘하지 못해도 괜찮다는 것을 말이다.

공자도 말했다. "지지자불여호지자(知之者不如好之者), 호지자불여락지자(好之者不如樂之者)." 그것을 아는 사람은 그것을 좋아하는 사람만 못하고, 그것을 좋아하는 사람은 그것을 즐기는 사람만 못하다.

과거엔 무조건 최고로 잘해야만 일을 시작하고 새로운 것을 배울 수 있다고 생각했다면, 지금은 '괜찮아. 즐겨보자. 그러면 익숙해지고, 내 스타일, 내 것이 될 거야'라고 생각하기 시작했다.

'그림을 그려볼까?' 생각하면 마음이 충만해지는 느낌이 든다. 그림을 안 그린다고 사람관계에서 불편하거나, 돈을 못 벌거나 하지 않는다. 그림 그리기는 꼭 필요해서 하는 필요조건이 아니라 충분조건인 것이다. 꼭 필요해서 해야 하는 필요조건은 영어다. 배낭여행을 다녀보니 다른 여행자들이며 현지인들과 좀 더 많은 이야기를 나누고 싶어져서, 하기 싫어도 해야겠다는 필요성을 느껴서 영어공부를 시작했다. 즐겁지는 않다. 나는 언어 공부를 좋아하지 않는 인간이니까. 필요조건보다 충분조건으로 삶을 채워갈 때 더 즐거워지는 듯하다.

매일 한 장씩 그림을 그리기로 했다. 힘들지 않고, 즐겁게 배워가는 길. 꾸준히, 조금씩 하면 내 것이 되겠지. 천천히 내 몸에 스며들 것이란 믿음이 생겼다. 어느새 나는 그 스며

든다는 것을 신뢰한다. 심플라이프도 결국 3년간의 스며듦의 결과였으니까.

올해 버킷리스트의 첫번째 단기 목표는 언니에게 선물 받은 드로잉북 한 권을 채우는 것이었다. 처음에는 드로잉펜으로 눈앞에 보이는 사물을 그리기 시작했다. 무엇을 그릴지 막막해서 우선 책방에서 보이는 것을 그렸다. 차츰 색연필과 4B연필, 고체 물감 등을 이용해서 일상을 틈틈이 그렸다. 부담 없이 시작한 드로잉은 어느새 3권을 채워간다. 그리고 내가 하는 일의 굿즈를 만들 때 내가 그린 그림으로 제작하기도 했다. 잘하는 것도 중요하지만 꾸준히 해나가는 것이 참 중요하다는 걸 느낀다. 무엇보다 스트레스가 쌓이거나 멍때리고 싶을 때 무작정 펜을 들고 무념무상으로 그림을 그린다. 잘 그리든 못 그리든 그건 중요하지 않고 스트레스를 해소할 하나의 취미가 생겼다는 사실 자체가 좋다.

버릇없는 1인

저녁시간에 함께 앉아 밥을 먹는데 한 그릇 더 먹고 싶은 신랑이 "밥 좀 더 줘"라고 말했다. '어? 그걸 왜 나한테 말하지? 같이 밥 먹고 있는데 나보고 일어나란 건가? 이건 뭐지?' 문화충격이다. 결혼 전, 식사 중에 밥 더 먹고 싶은 사람은 아빠든 엄마든 할머니든 추가 식사는 알아서 담아왔다. 그게 내가 자란 문화였다.

아빠는 전혀 가부장적이지 않으셨다는 걸 사회생활, 결혼 생활하면서 알았다. 신랑도 가부장적이라고 생각하지 않고 생활했는데 문득 튀어나온 행동에 당황했다. 밥은 내가 차린다. 신랑은 일하고 왔으니 상대적으로 집에서 시간이 있는 내가 밥 차린다. 그건 평등이라고 생각한다. 하지만 같이 밥 먹고 있는 중에는 똑같이 '식사시간'인데 내가 일어나서 밥을 더 줘야 하는 건 말이 안 된다. 더 먹고 싶은 사람은 스스로 가져오는 게 맞다. 처음 밥상을 차릴 때는 밥 한 공기라는 기본값이 있는데 추가 식사분은 자신이 얼마만큼 더 먹고 싶은지 본인만 안다. 그걸 다른 사람이 어떻게 판단하고 퍼주나. 더 먹고 싶으면 스스로 떠오는 게 맞다.

몸이 아파서 대신 해주는 거 아니고서야…. 내가 밥 더 가져다달라는 신랑 말에 화들짝 놀라니 신랑도 놀랐다. 유교 문화에서 자란 신랑이 의식하지 못하고 한 행동에 본인도 놀랐나 보다.

"나도 같이 먹고 있는 중인데 밥을 더 가져다달란 건 뭐지? (황당) 추가분은 스스로 더 드십시오. 특히, 난 밥 먹다가 엉덩이 들면 밥맛이 딱 떨어진다고."

남편, 이제 알아서 움직인다. 스스로 할 수 있는 것은 남자, 여자, 나이를 떠나서 스스로 해야 한다. 어린 시절 우리 집 유일한 남자였던 친정아빠와 우리 집에서 가장 나이 많은 어른이었던 친할머니를 통해 배웠다. 아빠 스스로 할 수 있는 건 스스로 하셨다. 딸이니까, 여자니까 이거 해와 저거 해와 하지 않으셨다. 아빠가 심부름 시킨 적 거의 없다. (엄마는 그걸 또 너무한다고 하신다. 밖에서 권위 1도 없다고;;) 할머니도 당신 밥은 본인이 알아서 먹는 양을 조절해야 되니 남이 떠주는 거 싫어하셨다.

그래서 처음 사회생활할 때 내 커피만 타 마셨다. 여자라고 해서, 후임이라고 해서 굳이 커피를 타야 하는지 이해가 안 됐다. 그래서 그냥 안 탔다. 일과 상관이 없는데다 굳이 내가 챙겨주고 싶은 사람도 아니고, 본인이 먹고 싶은지 아닌지도 모르겠고, 물 양도 사람마다 다르니까 각자 알아서 타 먹는 게 맞다고 생각한다. 윗사람들도 쟤는 원래 저렇게 눈치 없고 까칠한가 보다 했다. 친절함과 애교 따위 없는 나는 회사에 일하러 갔으니 일 잘하는 걸로 커버하려고 열심히 일했다.

전골같이 한곳에 끓여서 국자로 떠먹는 자리에서 친정이든 시댁이든 집이든 어디서든 남들 것 대신 안 떠준다. 어른들이 봤을 때는 버릇없겠지만 자신이 먹고 싶은 게 국물일지 건더기일지 사람마다 다른데 대신 떠주는 것 싫다. 이것도 친정에서 각자 떠먹던 버릇이 있어서 그런가 보다.

난 나보다 나이가 많은 언니들하고 어울리는 경우가 많은데, 언니들은 대부분 자기가 밥을 사려고 한다. 그래서 더치페이하자고 동생인 내가 먼저 말하니까, 처음엔 내가 언니니까 내가 낼게 했던 언니들도, 내가 바로바로 "반반" 외치니 버릇처럼 '언니가 살게' 하던 부담을 내려놓았다. 이런 건 동생들이 먼저 더치페이하자고 말해야 한다. 왜 언니라고 무조건 동생 사줘야 하는지 모르겠다. 언니가 밥 사면 후식은 동생이 사든가. 'dutch pay' 혹은 'give & take'는 꼭 지켜야 한다. 이런 경우 많이 봤다. '내가 낼게!' 하는 멤버가 있으면 나중엔 그 친구가 당연히 살 줄 알고 다른 친구들은 익숙하게 돈을 안 내고 기다리는 경우.

남녀평등에 있어서 가정교육, 가정문화가 기본적으로 참 중요하다는 것을 사회생활하면서 느꼈다. 여자라고 보호해 쥐야 하고, 남자라고 여자가 서버해 쥐야 한다는 낡은 개념을 안 가르치고 남녀노소 평등하다는 것을 가르친다면 자연스럽게 성교육의 한 부분이 되는 것 아닐까. (남자가 여자를 함부로 대하면 안 된다는 것, 여성이 남성보다 아랫사람이 아니란 것을 알게 된다면 조심하겠지.)

친정아빠의 평등의식 덕분에 사회생활할 때도 남자 선임이라고 기죽지 않을 수 있었다. 내가 주눅들지 않으니 남자 선임들도 나를 어려워해 욕은 좀 먹었다. 그래도 사회생활은 편했던 것 같다. 인간미 없다, 버릇없다 말해도 그러려니 해야 한다. 그래도 난 좋은 친구들 많으니까. 처음엔 '뭐냐?' 하다가 이런 스타일 익숙해지면 다들 좋아한다. 개인주의로 배려해 주니까! 이게 다 상대방 생각해서 하는 행동이다. 커피에 물 많이 넣는지 적게 넣는지 본인이 가장 잘 알고, 전골 먹을 때 국물이 좋은지 건더기가 좋은지 본인이 가장 잘 알고, 밥 더 먹을 때 어느 정도 떠야 배가 부른지 본인이 가장 잘 아는데 남이 대신 해주면 내 취향 무시되잖아.

여기까지가 나의 모성이다

'엄마 = 모성애 충만' 아님을 첫애 낳고 알았다. 아이가 성장하듯 나 또한 성장하는 것임을 알았고, 여전히 갈 길이 멀다는 걸 깨달았다. 아이가 날 보고 따라하니까 행동 조심하느라 운전하다가 화도 참아야 했고, 말도 조심한다. 이것이 나의 모성이다.

말로 잔소리하는 것은 한계가 있으니 본이 되기 위해서

내 자신을 다스려야 하는 것. 아이 생각 안 한다면, 어쩌면 나 편하자고 막 살고 막 행동하는 삶을 이어갔겠지만 아이가 보고 있으니 말조심하고 좀 더 나은 인간이 되려고 애쓰는 것. 이것이 나의 모성이다.

아이에게 말이 아닌 행동으로 훈육하려고 30년 굳은 성격을, 버릇을 돌아본다. 나에겐 어쩌면 이게 정말 힘든 일이다. 돈 버는 일보다, 몸 바쳐 뒷바라지하는 일보다 나의 고집과 성격을 바꾸는 것이 배로 힘들다. 성격 더럽고 이기적인 내가 다듬어져가는 이 과정이 나에겐 모성 덕분이다. 이것만 해도 난 엄마 역할 충분히 잘하고 있다고 믿는다. 여기까지가 나의 모성이다.

호화로운 생활

강원도 고성에서 호화롭게 살고 있다.

SNS를 보면 리조트에서 멋있게 찍은 사진, 멋진 레스토랑에서 찍은 사진들이 올라온다.

그런데 난 버너에 라면 끓이며 작은 텐트 치고 바닷가에 앉아 있다.

아무렴 어때! 아무 때나 돈 안 내고 와서 바다 보면 되니까 내 바다야~~~~ 야호를 외친다.

여기가 다 내 바다다 하는 마음으로 참으로 호화생활을 하고 있다.

SNS와 비교하면 나는 상대적으로 초라해질 수 있지만 누군가는 돈 들여 바다로 떠나는 여행을 나는 아무 때나 할 수 있으니 이게 진짜 호화로운 생활 아닌가.

월급이 200만원대면 어때?

호화여행을 위해 많은 돈 벌려고 애쓰지 않아도 되니 얼마나 좋은가. 신랑 직장 따라 떠돌아다니니 언제 이곳을 떠날지 어디로 갈지 모르는 삶이지만, 그래서 더 이곳에 있는 동안 충만히 호화로운 생활을 즐겨야지.

이 부부가 사는 법

신랑과 나는 매달 초, 이번 달에는 어떤 계획이 있고, 혼자 무엇을 할 것인지, 각자의 욕구, 계획을 꺼내놓고 시간 조정을 한다. 함께할 일정과 따로 시간이 필요한 일정을 이야기한다. 따로 또 같이.

처음 부부가 되었을 땐 모든 것을 함께하는 부부가 좋은 줄 알고 취미도 여행도 전부 맞춰보려 했지만 역시 우리 스타일엔 안 맞았다. 함께할 땐 함께하고, 각자 좋아하는 것하며 충전해서 만나야 할 땐 따로 놀았다. 개인의 삶도, 가족이라는 테두리에서의 삶도 고르게 나눠 가졌으니 결혼생활에 불만이 덜한 것은 아닐까? 이러니까 8년을 가끔 보는 장거리 연애하고 결혼한 거겠지.

신랑 직장의 관사에서 살 때 내가 장기여행 다녀온 뒤 우리 부부 사이가 안 좋다는 소문이 들려왔다. 재미있어서 웃고 넘겼지만, "남편이 아내를 사랑하지 않아서 보내주는 거다"부터 별별 소리가 다 들렸다. 그래도 난 혼자 여행을 떠난다. 나도 남편이랑 세계여행 맘껏 다니고 싶지만 신랑 직업이 해외 휴가를 가기 힘든 일이니, 나라도 가는 것이다. 그리고 각자 충전하고 만나면 더 즐거우니까 좋다.

남편 직장 동료들 중 갓 결혼한 커플을 보면, 서로의 시간이 안 맞아서 힘들어하는 경우가 종종 있다. 남편은 퇴근 후 자기 시간을 갖고 싶고, 아내는 낯선 타지에 내려와서 종일 남편만 기다리니 어쩔 수 없이 그리된다.

나도 신혼 때 타지에 내려가서 아는 사람은 남편밖에 없는데 집에 온 신랑은 게임만 했었다. 남편은 6개월을 그런

패턴으로 지냈다. 주말엔 같이 드라이브를 다녔지만 평일 퇴근 후엔 게임만 하는 남자라니!

주변 사람들과 이야기해 보니 다들 집에 오면 게임을 하거나, 아니면 친구들과 술 먹으러 나간다고 했다. 남자들도 총각 생활의 패턴에 익숙해 있다가 결혼해 함께하는 삶을 몸으로 체득하는 데 시간이 필요한가 보다 하고 지켜봤는데, 6개월쯤 되니 다행히 스스로 깨달았다.

남편은 지금도 혼자 운동을 다니거나, 컴퓨터 게임, 영화 감상을 하지만, 아이가 태어나면서부터는 우리 집만의 패턴이 생겨서 되도록 아이들 잔 뒤에 개인 시간을 갖는다. 결혼 생활은 끊임없이 맞추어가는 건가 보다.

서로의 욕구와 생각을 맞추고 대화를 통해 풀어가야 할 일들이 계속 생기는데, 그 고비마다 지혜롭게 잘 넘겼으면 좋겠다.

우울한 날

며칠 전은 좋은 날이었고, 오늘은 우울한 날이다.

내가 어떤 분야에서 못난 사람이라는 생각이 들면 이런다. 하지만, 실수하고 잘못할 수 있는 그 어떤 행동 때문에 나라는 존재까지 부정하고 좌절할 것은 없다. 그래서 우울한 날 나는 미친 듯이 나를 사랑하는 방법을 행동에 옮긴다. 나는 사랑받기 충분한 사람이니까. 아내, 엄마, 친구, 며느리, 딸 등이 아니라 장새롬이라는 존재 자체로 귀하다는 것을 스스로에게 증명하고자 움직인다.

나를 사랑해 주려고, 아이들을 데리고 키즈카페에 갔다. 아이 둘은 친구들과 신나게 놀고, 나는 계속 책을 보았다. 4시간이나 있었다. 결제할 때 꽤 큰 지출이 있었지만 아깝지 않았다.

다른 때 같으면 스트레스를 풀려고 미친 듯이 쇼핑을 했겠지만 이젠 물건을 남기지 않는 대신, 돈은 이렇게 쓰는 거라고 자족하며 경험하고 쉬는 데 쓴다. 책을 편하게 읽었고, 아이들은 싸우지 않고 신나게 놀았다.

나와 아이들 모두에게 좋은 시간이었다. 기분이 다운되는 날은 책만 읽어도 곧 좋아지지만, 1년에 한 번씩 오는 최악의 날에는 책으로도 안 풀린다. 바닷가 길로 드라이브를 하며 빙 돌아서 집에 왔다. 신랑이 퇴근해 저녁 먹고 아이 둘과 놀아주는 사이 다시 집을 나왔다.

내가 기분 풀고 싶을 때 조용히 혼자 오려고 아껴놓은 장소를 향해 달렸다. 바닷가 앞 2층 자리. 내가 좋아하는 떡볶이와 자몽티를 먹을 수 있는 카페에서 내가 좋아하는 글을 쓸 수 있는 자리다. 노트북을 들고, 즐겨 보던 책 한 권을 들고. 이 자리. 이 시간. 그래. 내가 좋아하는 게 다 모여 있는 지금이면 충분하다. 이만하면 오늘 나 많이 사랑해 주고 있다.

이런 기분의 날에는 그냥 우울감을 충만히 누리고 풀어주리라. 내가 좋아하는 것을 하고, 짙은 우울감에 나를 내맡긴 채 바닥까지 만져보고 올라와야 풀린다. 기분 최악의 날은 더 적극적으로 나를 사랑한다.

사실, 아무리 남이 나를 사랑한다고 해도 내가 나를 사랑하지 않으면 공허할 뿐. 나는 사랑받기 위해 태어났고, 상대방의 행동에 따라 실패감을 느끼며 살기에는 아까운 귀한 사람이니까.

잔재주를 부리는 기교는 필요 없다.

과장된 비평이나 해설도 필요 없다.

사는 것이 예술이다.

죽을 때 '나라는 작품'에 감동하고 싶을 뿐.

사야카의 웃는 얼굴이 좋다.

무엇인가 끄적거리기 전에

우선 이 여자를 즐겁게 해야지.

— 다카하시 아유무, 《LOVE & FREE》 중에서

자몽에이드 LOVE

이게 뭐 어때서?

아이 방은 안 만들고 내 방 먼저 만드는 엄마.

→ 너흰 거실 다 가져라. 난 내 독립공간이 필요해.

아이 책은 안 사고 내 책만 사는 엄마.

→ 너흰 책장 하나에 책 많잖아. 난 계속 발전해야 되니까 나부터 읽겠다. 너희는 지금 책 반복하기에도 많아. 사는 건 가끔 한 권?

아이용품은 중고 사고 내 건 좋은 거 하나 사는 엄마.

→ 어차피 막 뛰어놀아서 옷 더러워지고 금방금방 커서 오래 입지도 못해. 난 한번 사면 오래 입으니까(더 이상 성장도 안 해), 그러니깐 내 건 좋은 거 하나 사야 됨.

아이는 동네 바다, 산책, 운동장에서 놀면 된다고 하고 난 혼자 배낭여행 가는 엄마.

→ 어릴 때 해외 가봤자 기억 못해. 아직은 일부러 돈 들여서 해외 문화체험 안 해도 됨. 너는 까먹겠지만 엄마인 난 이제 다 커서 기억하니까 나부터 다니자.

솔직히, 제한된 재정이라서 나에게 먼저 투자하는 거다. 우선순위에서 내가 win!

이게 뭐 어때서?

아이들은 유아기에 뛰어놀기 잘하면 됨.

나 유아기에 내 방 없었고, 책 2질 있었나?

옷은 기억도 안 나고.

해외 안 나가도 동네에서,

시골 내려가서 신나게 놀며 즐거웠던 기억만.

그걸로 충분했다.

돈 투자는 한창 성장 중인 30대 엄마, 아빠에게!

아이들에겐 돈보다 노는 시간 확보해 주면 끝!

나도 좋고, 가정경제에도 좋고, 애들도 좋고.

내 이름

엄마가 되고 낯설었던 것은 'ㅇㅇ엄마'라고 불리는 것이었다. 아이를 사랑하지만 누구의 엄마가 아닌 난 여전히 '장새롬'이라는 자의식이 강해서, 누구의 아내, 누구의 엄마라는 호칭보다 새롬아! 새롬씨! 하고 불릴 때 가장 편안하다. 놀이터에서 'ㅇㅇ엄마'라고 불리면 낯설다. 놀이터에서도 친한 사람들은 '새롬아!'라고 부른다. 아이를 통해서 친해진 사람이 많지 않아 다행스럽게도(?) '새롬이'라고 불려서 편하다.

내가 누군가를 부를 때도 'ㅇㅇ엄마'라고 하는 게 어색하다. 이름을 불러줘야 할 것 같아서. 그래서 친한 사이가 아니라면 'ㅇㅇ씨' 하고 부른다. 'ㅇㅇ엄마'는 나의 여러 가지 역할 중 하나일 뿐이고 내 정체성을 대변하는 총칭은 '장새롬'이니까.

내 모성애가 부족한 걸까? 부족하면 어때. 내가 죄지은 것도 아닌데. 아이를 사랑하지만 개별적 존재라 여기고, 내 방식으로 사랑하는 것일 뿐.

시댁에서도 나를 '며느리!', 'ㅇㅇ애미', 'ㅇㅇ엄마!'라고 부르지 않으신다. '장새롬이!' '새롬이!' 이렇게 부르신다. 처음엔 호칭이 어색해서 그러시나 했는데 나 자체로 존중받는 것 같아서 좋다. 친정엄마도 사위를 부를 때 '이서방' 하는 게 영 이상하시다고 이름으로 부른다. 누구의 역할로서가 아니라 우리 존재 자체로 불리는 게 좋다.

난 그게 편안하다. 나대로 살면 될 것 같다. 'ㅇㅇ엄마'라고 불리면 엄마 역할에 힘을 실어 살아야 할 것 같고, '며느리'라고 불리며 살면 그 역할에 부담이 될 것 같은데 내 이름

그대로 불리니 그냥 나답게 쭉 살면 된다고 해주시는 것 같아 좋다.

그래서 종종 첫째아들에게 '형' 'ㅇㅇ이 형'이라는 말을 쓸 때 주춤하게 된다. 아이가 첫째아이가 아니라 아이 존재 자체로 살아야 하는데 종종 '형이', '형아가' 하고 튀어나오는 말로 인해 형 역할에 비중이 실리는 삶을 가르치는 걸까봐 조심하게 된다.

말이 나온 김에 더 하자면, 친정엄마는 아이들에게(손주들에게) 외할머니가 아닌 본인의 이름을 넣어 'ㅇㅇ할머니'라고 부르도록 가르치셨다. 그래서 친정에 가면 외할머니, 외할아버지라는 말 대신, 'ㅇㅇ할머니' 'ㅇㅇ할아버지'라고 이름을 넣어 부른다. 한국사회에서는 버릇없어 보이겠지만 난 이 호칭이 좋다. 아이들은 외할머니 외할아버지가 더 가깝게 느껴지고, 내 엄마 아빠는 본인의 이름으로 존재하셔서.

주부의 글쓰기

블로그에 글을 쓰기 시작한 것은 결혼하고 나서였다. 고향을 떠나서 아무도 없는 타지에서 시작한 신혼생활의 심심함이 턱까지 차오르고, SNS의 발달로 인해 글 쓰는 행위가 좀 더 편해졌을 때였다. 블로그에 일기 쓰는 것 외에 체험단이라는 상품리뷰 쓰는 일도 겸했는데, 체험단 리뷰는 소소하게 가정경제에 보탬이 됐다. 일기와 상품리뷰라는 전혀 다른 스타일의 글쓰기는, 심심한 타지역살이에 생기를 불어 넣어주었다.

결혼 1년 만에 첫아이를 낳았다. 역시나 연고지 없는 곳에서 아이를 키워야 했고, 사람을 깊이 사귀는 데 시간이 오래 걸리는 나는 자유로움이 없는 육아 시기에 글로 고단함을 토해 내면서 스트레스를 풀었다.

무엇을 쓸까 생각하다가 아이와 돈 안 들이고 놀았던 놀이를 기록했고, 오늘의 집밥, 절약, 비우는 삶에 관해 기록했다. 그렇게 매일 일기처럼 쓴 글을 보고 출판사에서 연락을 해왔다.

처음 하는 살림과 육아에 몰입해서 5년간만 잘 해보자고 생각했는데, 일을 좋아하는 나는 사회생활에 대한 갈망을 누르지 못해 늘 갈팡질팡했다. 그 탈출구가 블로그에 글을 쓰는 것이었고, 나만의 생산적인 시간이 필요해서 꾸준히 기록했을 뿐이다. 언젠가 책을 한 권 내봐야지, 여행을 많이 다녔으니 여행책이 좋겠다고 막연히 생각해 본 적은 있지만 당장 책을 쓰는 사람이 될 줄은 몰랐다. 무엇보다 정신없는 육아 시기에 말이다.

전업작가가 되려고 일을 그만두는 사람도 있지만, 나처럼 육아와 살림을 하면서 나만의 시간을 만들기 위해서 기록한 것이 책으로 이어지는 경우도 있구나 했다. 그래서 난 이 말이 좋다.

"사람은 각자 자기 하고 싶은 대로 하고, 출판사도 그걸 좋다고 할 때, 책을 내면 됩니다.
개인 활동의 부산물로서 책이 나오면 좋겠어요."

— 나시야마 마사코, 《일본 1인 출판사가 일하는 방식》 중에서

나는 작정하고 작가가 되어야지 했던 것은 아니다. 단지, 집 밖으로 나가는 대신 집 안에서도 할 수 있는 삶을 찾아서 기록해 나갔던 것인데, 책이라는 물성으로 내 손에 잡혔다.

평소에 좋은 순간도 글로 기록하지만 기분이 안 좋을 때도 글을 쓴다. 다운된 감정을 글로 토해 내면 해소가 된다. 우울할 때는 글 쓰지 말라고 하는데, 잠자고 일어나면 내가 왜 그랬을까 이불킥 하고 싶어진다는데, 나는 오히려 그럴 때 더 솔직해지고, 내가 깨닫지 못한 감정을 들여다볼 수 있어서 좋은 것 같다.

살림과 육아는 자잘한 일들의 연속이라서 회사 다니는 것만큼이나 신경 쓸 일도 많고 할 일도 많은데도 누구나 하는 당연한 일로 취급된다. 그래서 하찮게 여겨지는 일이 된다. 주부로서 글쓰기를 하니 좋은 점은 집에서 내가 하는 일이 좀 더 가치 있게 다가온다는 점이다. 결혼생활의 속상함, 기쁨, 나만의 정보 등을 나누면서 살아 있음을 느꼈고, 행동의 제약이 있던 갑갑한 시기를 잘 지나가게 되었다. 위기와, 슬픔과, 어려움이 곧 글의 소재로 이어져 나의 일기를 풍성하게 해주기도 한다는 것을 알게 되니, 고난 속에서도 한줄기 빛을 본다고 할까?

당장 사회생활을 하고 싶었던 신혼이 엊그제 같은데 결혼 후 7년이 훅 흘러가버렸다. 다행인 건 매일 꾸준히 글 쓰는 근육을 키웠다는 것이다. 글 쓰는 근육만 키웠다면 삶의 불균형이 왔을지도 모르지만 육아와 살림을 함께하면서 다양한 근육을 키울 수 있었다. 결혼 덕분에 내 삶의 콘텐츠는 더 다양하고 풍성해진 것 같다.

대학교 때 교수님이 그랬다. 어쩌다 기회가 와서 잡는 게 아니라 기회가 오기 전에 준비해 놓았기 때문에 잡을 수 있는 것이라고. 지금 당장 뭐가 되지 않더라도 준비기간이 쌓여 있어야 기회가 왔을 때 잡을 수 있다고. 뚜렷한 목표지점이 없어도 내가 하루하루 걸어갈 수 있는 힘이 되는 말이다.

나 같은 사람도 책을 쓰는 걸 보면 꼭 대단한 사람만 글을 쓰는 건 아닌 것 같다. 꼭 성장한 뒤에 글을 쓰는 게 아니라 쓰는 과정을 통해서도 성장한다는 걸 알았다. 처음에는 글 쓰는 것 자체가 좋아서 썼는데, 목표를 두고 매일 기록하다 보니 내 글과 나 자체가 성장하기도 했다.

책을 만들기로 처음 이야기됐을 때는 글이 완벽하지 않았다. 준비하는 과정에서 완벽해져 갔다. 책으로 만들기 위해서 글을 다듬고 추가해 나가면서 또 성장하는 나를 보았다.

글을 쓰고 싶고, 책을 만들고 싶다면, 우선 시작해 보라고 말하고 싶다. 나도 그랬으니까.

미래를 위해

자본주의 사회에서는 모든 것이 돈과 연결된다. 그렇다고 미래를 준비하는 지출까지 안 할 수는 없다.

난 하고 싶은 것도 많고, 노는 것도 좋아한다. 그러니 하고 싶은 거 다 하고 살려면 월급이 부족하다. 하지만 많든 적든 돈은 쓰기 나름이라 생각하고 가계부를 적으며 관리한다(무한긍정). 돈 많은 사람도 써서 없애는 건 순간이니까 말이다.

그렇게 정해진 월급을 쪼개, 미래를 위한 투자를 한다. 트렌드를 읽는 책을 사고, 모으고 모아 틈틈이 배우는 시간을 갖는다. 언젠가 배워야지, 언젠가 해야지 미루지 않고 지금 조금씩 배워나간다.

그러자니 어쩔 수 없이 돈이 들어간다. 그림을 그리려면 색연필이 필요하고 종이를 사야 하니 가계부에서 예비비를 모아둬야 한다.

신용카드를 쓰지 않으니 뭐든 하려면 돈부터 모을 수밖에 없다. 돈을 모아 배우니까 공부하는 그 시간이 참 소중해 더 집중하게 된다. 책방을 하며 많은 걸 배우고, 즐기게 되었는데, 특히 꽃과 캔들은 책방 분위기에도 잘 어울려 좀 더 깊이 공부했다. 내가 손으로 하는 것들, 예술활동을 참 좋아하는 사람인지 그때 알았다. 꽃수업을 받을 때는 정말 집중했다. 꽃수업에서 배운 걸 바탕으로 혼자 꽃을 사와 리스도 만들고 내 방식대로 응용하며 책방을 꾸몄다.

천연 캔들도 좀 더 알고 싶어, 돈을 모아 수업을 들었다. 열심히 모은 돈으로 무언가를 배우면 더 집중하게 돼 열심히 안 할 수가 없다. 공짜로, 시간이 많을 때, 넘치는 돈으로 할 때보다, 부족한 중에 아껴 모은 돈으로 배우니 더 소중한 시간들이다. 나는 이런 데 돈을 써야 하니 아끼는 것이다. 미래 준비와 육아, 살림의 균형을 위해, 나름대로 천천히 나아가고 있다.

몸에 쌓이는 경험과 교육은 연금이라 생각하고 아끼기보다 투자한다. 끙끙거리며 아끼는 것도 많지만, 어차피 제한된 재정으로 살아야 한다면 선택이 필요하다. 우리 부부의 선택은 경험과 자기개발이다. 신랑이 취미활동으로 운동용품을 살 때, 대회에 나갈 때, 자격증을 딸 때 나는 적극 지원한다. 돈을 써서 몸에 쌓이는 것들은 언제나 환영이다.:)

Q

아이 때문에
하고 싶은 일을 못 벌여요.

A

엄마가 너무 육아에 치여 우울하고 지친다면 짧은 시간이라도 어린이집에 보내는 게 맞다고 생각합니다. 몇 시간의 자유만 있어도 숨통이 트이면서 틈새시간에 내가 하고 싶은 공부, 일들을 할 수 있으니까요. 옛날에야 대가족이라서 식구들이 서로서로 아이들을 봐주니까 괜찮았지만, 지금은 핵가족시대에 주로 엄마 혼자 아이를 봐야 하니까 살림까지 하려면 당연히 힘에 부쳐요. 우리가 나약한 게 아니라구요. 오죽하면 옛말에 '애 보느니 밭일 나간다' 하겠습니까. 아이를 종일 보면서 살림까지 하는 것은 정말 힘든 일입니다.

어린이집 다닌다고 애 망가지는 거면, 해외에선 일찍 일을 시작하는 여성들이 많은데, 그 아이들은 문제가 많게요? 다들 잘 크고 있잖아요. 정해진 모성 기준은 없더라구요. case by case.

Q

독박육아 우울감,
어떻게 극복했나요?

A

저는 첫째가 12개월 때 둘째를 임신했는데요. 하필이면 그때 신랑이 다른 곳으로 발령이 나서 혼자서 돌 지난 아기와 뱃속의 태아를 키워야 했어요. 그렇게 2년을 영아기 아이들을 보면서 연고지 없는 낯선 지역에서 신랑도 없이 살려니 우울증이 쓰나미처럼 밀려오더라구요. 아, 이러다 진짜 정신 나가겠구나 하던 찰나에 미니멀라이프를 알게 되었어요. 살림을 비우기 시작했습니다. 육아에 집중하면 현재 기분에 몰입돼 계속 땅굴만 파게 되길래, 어차피 마음대로 나갈 수 없는 집 밖이라면 집 안에서 다른 곳에 정신을 팔아보기로 했죠. 살림 비우고 버리면서 정신을 쏟았더니 좀 살겠더라구요.

요즘도 자주 독박육아를 하는데요. 5세, 7세 아들 둘에 셋째를 임신한 사람이라 몸도 힘든데 혼자서 육아해야 하는 경우가 많습니다. 아이들 노는 틈에 저는 혼자서 책 읽고, 하고 싶은 공부 찾아서 하고, 육아와 살림 외에 나를 사랑하는 방법을 찾으려고 계속 노력합니다. 육아하기도 바쁜 시기에 뭘 그리 바쁘게 하냐고 하는데 나부터 살아야 애도 보고, 밥도 하니까요.

4부

그렇게,
비밀책 프로젝트

coming soon

one month one Book

동쪽바다 책방 동해시 매장을 정리한 지도 6개월이나 흘렀네요. 아쉽다는 이야기를 온라인, 오프라인에서 너무 많이 들어서 더 아쉬웠던 이별.

전 지금 강원도 고성에서 새로운 일상을 보내고 있는데요.

책방 할 때 많은 분들이 좋아하셨던 책 선물, 책 추천은 계속 해달라는 요청들이 있어서 책방 정리하며 고민했던 일을 이제 시작합니다.

한 달 한 권만 선정해서 **#시크릿북**으로 포장해 책을 판매할 예정입니다.

특히! 책 잘 안 읽어지는 분들, 한 달에 한 권을 읽고 싶다는 분께 도움이 되고요!

자신에게 매달 책 선물하며 자신을 사랑해 주는 시간으로 추천합니다. 지인에게 대신 책 선물 배달해 주는 서비스이기도 하구요.

자세한 이야기는 설명절 끝나고 할게요.
명절 끝나고 한숨 돌리고 만나요.:)

#comingsoon
#한달한권 #onemonthonebook
#동쪽바다책방_omob
#잘안되도올해는쭉할꺼야ㅋ

어른이 된 걸까?

책방을 정리하고 당분간 편안히, 아이 둘 어린이집 보내고 슬렁슬렁 살림하고 살아야지 생각해 놓고, 몇 달도 안 돼서 새로운 일을 구상하고 움직이다가 또 망설인다. 원래 하고 싶으면 지르고 보는 성격인데, 서점이라는 자영업을 한번 해보니 생각보다 쉬운 일이 아님을 몸에서 깨닫고 알아서 브레이크를 걸어주는 건가?

나이가 들수록 왜 작은 일을 시작하는데도 주춤주춤하고, 도전횟수가 줄어가는지 이제 어렴풋이 알 것 같다. 이런 느낌이구나. 경험이 많아지면서 신중해진다. 미리 예상하고 겁을 먹는다. 펑펑 저지레하던 아이가 점점 신중해지듯. 철이 든다는 말은 좋지만 철들긴 싫다.

'작은 일도 시작하면 생각보다 시간이 많이 드는구나.' '이걸 사람들이 좋아할까?' 이런저런 걱정을 미리 하는 걸 보니 나도 세상을 좀 알아가나 보다. 좋게 보면 신중해지는 것인데, 그래도 좀 천천히 철들고 싶다.

도전은 돈은 못 벌어도 경험을 번다. 사람들에게 호응을 못 얻는다고 겁먹을 것 없다. 호응을 얻도록 노력하는 게 중요하다! 쉬운 도전보다 약간 어려운 도전이 나를 더 성장시키는 것은 분명하니까!

이것저것, 하고 싶은 건 항상 많다. 그런데 뭐 하나 전문적으로 파고들지도 못하고 꾸준히 한 우물만 파는 것도 아니다. 이렇게 고민하다가도, 그래, 뭐 한 우물을 파려면 시작 전에 이 땅이 좋은가 저 땅이 좋은가 알아보는 것도 나쁘지 않잖아, 그리고 이것저것 모여서 내가 되는 거잖아 한다.

무엇보다 하고 싶은 거 하고 살아야 병이 안 난다는 게 내 신조다! 기죽지 말자. 인생, 장기전이잖아. 지금 당장 뭐가 되려 하지 말고, 천천히 되어가는 과정을 즐기며 하루하루 충실히 살아가야지.

사실, 훅훅 일을 벌이는 나도 아무 걱정 없는 건 아니다. 깊이 고민에 빠질 때가 많다. 오늘 만난 친구는 이런 나에게 "고민해 봤자 그래! 넌 어차피 하게 돼 있어. 넌 잘할 거야" 한다.

이런 말이 또 원동력이 되어 고민 많은 난 힘차게 나아간다! 좋은 친구를 곁에 둔 것은 너무 소중하고, 감사하다.

고민이 많아도 난 일을 해야 하는 체질인가 보다. 아이들이 어린이집에 가고 시간이 생기니 몸이 막 근질거린다. 이런 성향은 사람마다 다르다. 오늘 만난 지인 두 명 중 한 명은 "난 집에는 절대 못 있어. 나가서 일해야 돼" 하고, 다른 한 명은 "난 집에서 살림하고 아이들 보고 조용히 책 읽는 게 딱 체질에 맞아" 한다.

이렇게 사람마다 체질, 성향, 기질이 다르고, 그에 맞게 살아간다. 나는 살림도 욕심내고 일 욕심도 낸다. 살림도 하면서 틈틈이 일도 할 수 있도록 내가 잘할 수 있는 일을 고민한다.

이게 나답다고 생각하면서, 가즈아!

공지의 힘

이번에 one month one book 사업을 할 것인가 말 것인가 고민하면서 든 생각,

#1
내가 잘할 수 있을까 하는 의심.

#2
처음 시작엔 누구나 잘하지 못한다. 하는 과정에서 점차 잘하게 될 뿐이지. 그런데 이 논리를 머리로는 알겠는데 몸

으로 조심스러웠다. 잘할 때 완벽할 때 시작해야지 하는 것은 시작하지 못하는 핑계일 뿐이란 생각을 했다.

#3

아마도 서점을 해보니까 책 한 권을 고르는 일이 생각보다 고뇌하는 시간이 많다는 걸 알게 되어서 걱정도 하는 것 같다. 서점을 시작할 땐 정말 아무것도 몰라 겁도 없었다. 그러나 이젠 안다. 일하면 분명 어렵다. 고민을 많이 해야 한다. 책 선정뿐 아니라 홍보에서 포장 방법까지. 작은 일이라고 준비하는 과정에 작은 시간이 투자되는 건 아니다.

그런데 그 모든 과정을 겪으면서 내가 성장할 것이 보인다. 분명, 새로운 것을 계속 고뇌하면 힘들지. 그런데 쉬우면 배우는 게 아니잖아. 쉬운 걸 원한다면 이미 익숙한 미니멀 라이프 포스팅을 계속 쓰는 게 차라리 쉬울지도 몰라.

#4

망설여질 때는 월세를 계약해 버리거나, 블로그에 공개적으로 공지를 하면 등 떠밀리는 효과를 얻을 수 있다. 그래서 앞으로 쭉쭉 나가게 해준다. 그걸 알아서 블로그에 OMOB 한다고 공지해 버렸다. 공지 전부터 간헐적으로 준비하던 것을 공지한 그날 밤부터 불꽃 튀게 연구에 돌입했다. 간헐적으로 생각하던 걸 적극적으로 생각하는 모습으로 바뀐다. 어떤 일을 할 때 기한을 정하는 것은 관성적으로 게을러지고 싶어지는 것에서 벗어나게 도와준다.

시작이 반이라는 말은 그냥 격언인 줄 알았는데 정말 시작이 반이다. 시작! 하고 달리기 시작하면 떠밀려서 달리게 된다. 월세 계약이라는 시작을 하면 월세 내야 돼서 열심히 일하게 된다. 시작하면 반은 온 거였군.

#5

일을 하면 돈이 벌려야 한다. 그런데 아마 돈은 못 벌 거다. 그러면 이걸 왜 하냐고? 내가 즐겁다. 책방 접고도 주변에 책 소개해 주고, 단계적 맞춤으로 책을 권해 주고 있었는데 그때마다 좋아하는 사람들 보는 것이, 독서에 흥미를 느끼기 시작하고, 독서량이 늘어나는 모습을 보는 게 좋았다.

그리고 무엇보다, 이 작은 일에 충실하게 임하면? 포장기술이 늘겠지, 책 선정을 하려면 많은 책을 적극적으로 찾고 읽어야 하겠지, 패키지를 구성하다 보면 다양한 생각의 확장을 하게 되겠지…. 고로, 이 일은 나를 키우는 훈련, 학습의 시간이기도 한다.

one BOOK

단일메뉴

한 달에 한 권만 선정해서 제목을 공개하지 않고 비밀책으로 판매한다는 것은 굉장한 고뇌의 연속이다. 여러 권을 선정한다면 장르에 따라 상호 보완이 되지만 한 권은 그런 여지를 허락하지 않는다. 반찬이 여러 개면 하나가 맛없어도 다른 반찬이 커버해 준다. 하지만 단일메뉴만 판매하는 음식점은 정말 자신 있게 요리해야 한다.

단 하나란 최상의 것을 찾아야 한다는 것인데 어떻게 보면 서점 할 때보다 책 소개가 더 부담되고, 더 두려운 일 같다. 이건 흡사 심플라이프 하면서 최소한의 물건으로 최대의 만족감을 누리기 위해 물건 하나를 살 때 가격, 성능, 디자인 모두를 고민하며 고르는 과정과 같다는 생각이 들었다.

역시 심플한 것, 미니멀, 단 하나의 것은 가난한 것이 아니라 모든 것이 함축된 넉넉함이라는 생각이 들었다. 그러니까 난 이 일을 하면서 이렇게 더 열심히 책을 읽고, 찾고, 고민하는 거겠지. 책방을 할 때와 또 다르다.

쉬운 일이라면 고민도 안 되고, 성장도 안 할 거라 위로하며 좋은 책을 찾아야 한다는 부담감과 두려움을 극복했다. 어렵거나 내용이 무거워서 읽다 포기하지 않을 책, 또 너무 가벼워서 독서시간이 아깝지 않을 책. 어떻게 보면 종이 한 장 차이인데 그 고민과 부담감과 함께 나도 성장하는 시간이다.

공간을 갖춘 서점은 없지만

비밀책을 준비하기 위해 독립출판물과 일반출판물을 두루 살핀다. 계속해서 책을 사고 쌓여가는데도 마음에 쏙 드는 책을 발견하기 위해 수시로 책을 찾는다. 이렇게 이 일을 하면서 좋은 점은 책에 대한 감각을 유지할 수 있다는 것이다.

서점 하면서 '세상에 이렇게 책이 많구나' '이렇게 좋은 책, 다양한 책이 많구나'라는 걸 알게 되었다. 숨어 있던 좋은 책들을 발견하는 기쁨이 컸다. 서점을 정리한 지금도 별반 다를 것 없이 열심히 숨은 책을 찾는다.

그래서 서점이라는 공간은 없지만 감각이라는 서점 일은 여전히 진행 중이다. 책의 흐름에 감을 잃지 않는다는 것은 시대흐름에 감을 잃지 않는다는 것과도 같다는 생각이다. 온라인에서 베스트셀러 위주로 구입하던 때와 다르게, 서점을 하고 비밀책을 하면서 다양한 책을 만나다 보니 시선의 폭이 넓어지는 느낌이다.

책은 동일한 사회 이슈도 1차적으로 한 번 정제된 느낌이다. 뉴스처럼 빠르고 자극적인 내용이 많기보다 시대를 담고 있지만 한 번 더 정돈해서, 이슈를 단순 자극으로 흡수하는 것이 아니라 천천히 곱씹어서 받아들이게 해준다. 그래서 매일의 뉴스를 잘 보지 않는 나에게 다양한 분야의 책을 살펴보고, 읽고, 알아가는 것은 이 시대의 흐름, 욕구, 사회문제, 정서 등을 알려주는 거시적 뉴스와 같다. 나에게 책은 사회 이슈를 더 깊이 이해하고, 천천히 고민하게 하는 질 높은 정보와 지식의 창구다.

비밀책 준비하면서 딱 마음에 드는 책을 찾기까지 시간과

정성이 많이 들지만 덕분에 사회 흐름을 놓치지 않고 공부하는 느낌을 받아서 좋다. 꾸준히 책을 읽고 찾아보는 덕분에 나중에 다시 사회생활을 할 때도 시대감각을 빨리 찾을 수 있을 것 같은 약간의 위로도 있다. 사회는 정말 빨리 변한다. 20~30대가 쓴 독립출판물만 봐도 예전과 다른 점들이 많이 보이는데, 만약 내가 아이들 다 키우고 본격적으로 사회에 나가면 얼마나 낯설까 싶다.

시대변화의 감각도 잃지 않으면서 가정일도 잘 해나갈 수 있게 해주는 것이 책의 강점이란 생각에 감사하다. 당장 무엇을 하겠다는 건 아니기에 무엇이 될지 모르는 내가 지금 할 수 있는 것은, 시대감각을 놓치지 않고 이어가는 거라는 생각이 든다. 그 방편으로 나는 다양한 책을 보고 있다. 그러니까 난 지금도 미래를 준비하는 과정에 하루하루를 보내고 있는 거다.

셋째 임신, 입덧하며 깨달았다

셋째를 임신했다. 아들 둘 낳고 끝~ 하자고 해놓고 이렇게 또 나는 셋째를 가졌다. 귀한 생명이기도 하고, 갑자기 다시 육아하려니 긴장되기도 한다. 무엇보다 입덧지옥이 심한 사람으로서 셋째는 무난히 지나가길 바랐지만 여전히 입덧은 지옥이다. 첫째 둘째 때와 똑같이 임신 4주부터 14주까지 꼬박 입덧을 하며 침대에 찰싹 붙어서 생활했다. 아직 개구쟁이 아들 둘을 챙기면서 입덧을 견디려니 참 많이 지치는 시간이었다. 그런데 이 와중에도 깨닫는 게 있으니 신기.

#1

초음파 검사를 갔는데 자궁에 혹이 있고, 피가 고였다고 한다. 위험할 수도 있다고 하는데, 이런저런 말에 두려웠다. 몸도 맘도 약해졌다. 그런데 벌벌 떤다고 내가 해결할 수 있는 것이 아니었다. 그래서 잊기로 했다.

정기검진까지 4주 남은 시점에 떨어봤자다. 아직 일어나지 않은 일을 벌벌 떨며 우울하게 지내느니, 차라리 내 손으로 할 수 없는 건 과감히 내려놓자. 잊고 지내기로 한다. 뭐든 시간이 지나면 해결될 일이라고 주문을 외운다.

#2

고성으로 이사 와 심심하고 외로워 난 더 정신없이 움직였다. 그러다가 입덧으로 침대에 붙어 생활하길 한 달이 넘어가고 있다. 내가 벌여놓은 일, 해야만 하는 일, 하고 싶은 일 등 거의 아무것도 못하고 있다. 밖으로 돌아다니고 움직이는 것 좋아하는 내가 손발이 묶인 느낌이다. 침대가 감옥 같았다.

한 주가 지나자 조금씩 침대생활이 익숙해졌다. 침대에서 끼니를 해결하고 비밀책도 포장하고 입덧이 잠잠하면 책도 읽는다. 입덧에 집중하면 더 지치니 누워서 노트북으로 좋아하는 영화를 보기도 했다.

한발 떨어져 나를 보는 시간이 되었다. 너무 많은 일을 벌이고 덤볐다. 가지치기가 필요하다는 것을 알게 되었다. 넓고도 깊은 사람이 되고 싶은데 넓기만 했다. 좀 더 가지를 치고 조금 더 깊게 파고들어야겠다고 생각했다.

여행이 그렇듯, 나에겐 입덧으로 인한 침대생활이 내 삶 전반을 돌아보고 정비하는 시간이었다. 많은 일 하고 싶지만 몇 가지로 가지치기해 갔다.

#3

누워 있으니 아이들에게 소홀할 것 같았는데 오히려 엄마로서 내 마음은 차분해졌다. 아이들 놀 때 살림 안 하고 옆에 누워서 곁을 지킨다거나, 몸은 안 움직여지니 입으로만 놀아주면서 시간을 보냈다. 내 몸에 힘이 빠지니 아이가 더 잘 보였다. 그리고 몸은 매우 힘든데 아이들은 더 사랑스러 웠다. '몸에 힘을 빼고 좀 더 많이 사랑해 줘야지'라는 생각 이 들었다. 입덧하며 누워 있는 시간에 고통 속에서 깨달음 들이라니! (물론 이러다 다시 힘나면 가만히 안 있겠지만…ㅎㅎ)

비밀책일기

#1

소심하다. 책 주문자가 많아지자 책을 좀 더 쉽고 대중적인 것으로 바꾸어야 하나 고민하면서 잠을 설쳤다.

그러다가 에잇, 어차피 모두를 만족시키는 책은 없으니 내가 정말 좋다고 생각하는 책을 소개하는 데 의의를 두자하면서 책을 선정하고 있다. 이런 감정은 매달 책 선정하고 발송하면서 되풀이된다.

　후기를 보면 내가 좋아서 선택한 책을 대부분 좋아해 주시니 나 자신을 좀 더 믿어도 될 텐데, 주문자가 늘어날수록 부담도 늘어간다. 특히 선물로 대신 보내달라는 분들이 많아서 책임감이 증가한다. 잘 포장해서, 한 권의 책을 받아도 아주 기쁘게, 엽서랑 책갈피랑 잘 담아 보내고 싶다. 만원의 행복이 이루어지길 바라면서. 나의 한 달의 즐거움 중 하나가 만원어치 꽃을 살 때이듯이 책을 구매하는 분들에게 비밀책이 잔잔한 기쁨이 되길 바란다.

　#2

　내가 그린 그림으로 스티커나 엽서를 만들어보고 싶었다. 편집도 직접 해서 인쇄를 넘기기까지의 과정 모두를 스스로 해보고 싶었다.

　디자인 실력도 그림 실력도 어설프고 엉성하지만 조금씩 자주 실전에서 해보는 것만큼 좋은 게 없을 테니, 고민도 되고 어렵더라도 일단 해보자. 그러면서 난 또 성장하겠지.

　입덧하면서 책갈피를 만들던 날, 컴퓨터 작업 하루 하고 다음날 종일 뻗어 있었다. 인쇄 들어가니 마치 책 찍어낼 때의 떨림처럼 떨린다. 엽서 한 장 책갈피 한 장이 이렇게 소중할 줄이야.

결국 해냈다는 데 의의를 둔다. 이번 작업은 내 그림으로 내가 직접 물성까지 만들어냈다는 성취가 있었다.

#3

재주문이 이어질 때 기쁘다. 올해 계속 주문할 거란 말씀은 내가 지치지 않게 힘을 주신다. 친정엄마가 말씀하시길, 장사는 오픈발이 아니라 재주문이 될 때 잘되는 거라 하셨는데 이런 거구나 싶다.

비록 한 달에 한 권, 한 번 주문이지만 난 한 달 내내 이 생각을 하며 보낸다. 이 충만한 시간이, 적당한 부담감이 좋다. 넘치지도 모자라지도 않는 열정을 쏟을 수 있어서. 그리고 무엇보다 즐거움과 떨림을 담아 주문해 주시니 나도 너도 기쁜 일 같다.

#4

신간은 너무 트렌드적이거나 검증되지 않은 위험부담이 있고, 구간은 이미 읽었을 확률이 높다. 그래서 그 중간 또는 신간과 구간 모두를 살펴보고 균형 있게 고르려고 한다.

처음 일을 시작할 때는 쉬운 책으로 독서 안 하는 분들에게 도움이 되길 원했는데, 책 많이 읽으시는 분들도 비슷한 비율로 주문을 주셔서 너무 어렵지도 너무 쉽지도 않은 깊이로 가는 듯하다. 입문자 대상이라고 딱 정하면 추천하기가 좀 더 수월할 텐데 주문자의 폭이 넓어 독서역량의 폭도 넓으니 이러나저러나 내가 좋은 책을 소개할 수밖에 없어졌다. 다행인 건 내가 이해력이 부족한 편이라 아주 어려운 책은 나도 못 읽어서 추천을 못한다는 것. 부족함이 쓸모 있다.

#5

처음엔 키워드 보고 맘에 안 들면 주문하지 말라고 했지만 생각해 보니 굳이 그럴 건 아니다. 일 년에 10권 정도 사두면 언젠가 읽지 않을까? 다양한 영역의 책이 될 텐데 나름 독서의 폭이 넓어지는 데 도움도 될 테고…. '읽는 분들이 책을 피하기보다 직면해서도 되겠다'란 생각을 슬쩍 해봤다.

#6

책과 함께 보내드릴 편지를 쓰면서, 자신에게 선물하는 분이 많다는 걸 알았다. 나도 나에게 선물하는 것 무척 좋아하는데 본인에게 선물하는 분께 '나'와 '나' 사이 중간 역할을 할 수 있어서 설레었다.

선물로 보내드릴 때는 주문자 대신 편지를 쓰는데 사랑하는 아내에게, 남편에게, 아들에게, 소중한 사람들에게 대신 편지를 쓸 때 짜릿하다. 어떤 분은 매달 한 친구에게 꾸준히 보내신다. 매달 친구에게 선물받는 그분은 참 행복하겠다 싶다. 또한 내가 이런 소소하지만 특별한 선물에 함께할 수 있어서 감사하다.

지혜야 생일축하해 신^
너의 새로운 출발도 항상
응원하고 있어
네가 가장 행복할.
너를 위한
한해가 되길 바래♡
너의 친구♡

선물세트 카드 대필,,,
쓰면서 행복한 일♡

비전 있어?

캔들 전문가 과정을 배웠다. 홈카페 마스터 과정도 배웠다. 사람들은 묻는다. 그 일이 비전 있어? 돈이 되는 거야? 그런데 문득 그런 생각이 들었다. 비전을 묻는 말에는 수동적 의미가 있다. 어느 정도 미래를 바라보고, 수지타산도 맞고, 시대흐름에도 맞는 일을 잘 준비해 하라는 뜻이다. 그리하면 투자 대비 돈벌이에는 좋겠지만, 모든 것을 그 잣대로 규정해 모두가 많은 돈을 벌 수 있는 일만 하려고 한다면 결국 희소성이 없어진다.

난 능동적으로 풀어보고 싶다. 무슨 기술이든 내가 활용하지 않으면 그 기술은 비전이 없어진다. 고부가가치의 첨단기술을 배웠어도 내가 잘 활용하지 않으면 어차피 쓸모가 없다.

고소득을 주는 일이 아니라도 내가 어떻게 활용하느냐에 따라 기회와 가치를 얻기도 한다. 비전은 노력해서 만들어가는 것이라고 생각한다(물론 어느 정도 시대흐름과 운이 있지만).

'그걸 어디에 쓴다고 배우지?'라는 생각에 어떤 시작조차 하지 않고 있다면, 배운 걸 어디에 쓸지 계획하면 된다.

밑거름

대학교 시절, 내 마음대로 시간을 짜서 쓸 수 있는 자유가 있다는 것이 참 좋았다. 강의 스케줄 짜는 것도, 그 외의 남는 시간도 다 내가 구성할 수 있다는 것이 좋았다. 그 자유가 독이 될 수도 있지만.

자율성과 자립심이 강했던 나에게 고등학교와는 다른 대학교 시스템은 너무 좋은 기억으로 남았다. 대학교 1학년 때는 강의 틈 사이사이에, 조교 아르바이트 틈 사이사이에 도서관에서 시간을 보냈다. 고등학교 때와는 다른 책들, 마음껏 읽을 수 있는 책들, 마음껏 빌릴 수 있는 책들에 둘러싸여서 책을 읽었다. 우리 집에서 학교까지는 서울 끝에서 끝이라서 등하교 시간이 길었다. 덕분에 지하철 안에서 책을 많이 읽을 수 있었다.

그렇게 도서관에서, 지하철에서 읽었던 책들이 내 독서 자산이 되었는데, 책 내용이 다 기억 안 난다는 게 함정이다.

대학 간 뒤로는 엄마 아빠 힘들지 않도록 등록금은 장학금으로 해결하려고 열심히 공부했고, 생활비는 조교활동을 하면서 충당하려고 애썼다. 교재 외에 책을 사는 일은 아주 가끔 있었다. 그때만 해도 책은 도서관에서 빌려 읽으면 된다는 생각이었기에 돈을 주고 책을 사는 일이 솔직히 낯설었다. 지금 생각하니 옷 살 돈 아끼면 되는 건데 당시엔 옷도 여행도 연애도 중요했으니까 책을 구입하는 데 돈을 쓰는 것은 우선순위에서 밀리고 도서관에 의지했다. 그렇게 도서관의 이점을 100배 활용했다. 그러던 어느 날, 후배가 서점에 가는 길인데 같이 가자고 했다.

그 후배는, 아빠가 매달 5권을 사라고 돈을 주신다고 했다. 다른 것은 사라고 안 하는데 책은 매달 5권을 스스로 골라오라고 하신단다. 그래서 매달 책을 사 자기만의 책장을 만들어가고 있다고 했다. 오, 멋졌다. 마음껏 책을 사서 읽을 수 있다니.

20대 초반에 본, 가치에 투자하는 그 모습이 나에게 자극이 되었다. 정확하지는 않지만 아마도 그 이후부터 나도 책을 사서 읽기 시작한 것 같다. 도서관에서는 사서가 정한 책 위주였고, 도서관을 뱅글뱅글 돌다가 마음에 드는 책을 꺼내읽는 방식으로 독서를 했다면 이후부터는 내가 서점에 가서 직접 찾은 책을 구입해서 줄치면서 읽는 과정으로 확대되었다. 서점에 가서 책을 사기 시작하면서 다양한 분야의 책을 읽기 시작했고, 독서의 영역도 더 넓어졌다. 그리고 좀더 적극적으로 어떤 책을 읽을까에 대해서 조사했다. 지식인들이 추천하는 책 리스트를 공개하는 '네이버 지식인의 서재' 서비스가 활성화되었을 때 추천된 책들을 매주 확인하고 읽어볼 책 목록을 엑셀에 추가해 갔다. 그렇게 꼬리에 꼬리를 무는 독서목록을 만들었다. 그 시절엔 책 리스트를 만들고, 헌책방과 대형서점을 돌아다니며 책을 찾고, 읽는 게 낙이었다.

아이러니하게도 나는 책 내용을 잘 기억하지 못한다. 단지 아, 그 책 너무 좋았지, 그 책 참 위로가 되었지, 하면서 책을 읽었을 때의 감정을 기억한다.

내용은 기억 못할지라도 그때의 독서 덕분에 책을 고르고, 책에서 삶의 위로와 교훈을 얻어가는 베이스가 마련된 것 같다.

어느 날 눈 떠보니 책을 두 권이나 쓴 것이 신기했다. 책 써야지 생각하고 살았던 것도 아니고 글쓰기 수업을 받은 것도 아닌데 내가 책을 썼다니? 지난날의 독서가 밑거름이 되어서 책을 쓸 수 있었던 것 아닐까? 그래서 직접 큐레이션 하는 서점 운영도 할 수 있었겠지? 나는 책이 즐거워서 읽었는데 그것이 밑거름이 되어서 책을 쓸 때 도움이 되었듯이, 내가 즐기며 하고 있는 이런저런 일들이 바탕이 되어서 또 무언가를 만들 수도 있겠지?

충분히 잘하고 있다

완벽해 보이는 여자들이 많다.

아마도 나도 그렇게 비춰질지도 모른다.

그런데 모든 것을 완벽하게 잘하는 사람은 없다.

육아에서 좌절감이 들 때,

이것저것 다 안 될 때 생각한다.

하루하루 열심히, 또는 쉬엄쉬엄

충실히 살고 있는 지금.

나도 너도

충분히 잘하고 있다는 말이면 된다.

엄마로서

아내로서

여자로서

며느리로서

딸로서

…….

충분히 잘하고 있다.

물건만 충분하다 생각하는 심플라이프가 아니라,

나에게 맡겨진 여러 역할에 있어서도

스스로를 칭찬하며 이 정도면 충분하다.

욕심내지 않기로 하자.

조급증

하고 싶은 게 많다. 배우고 싶은 것도 많다. (꽃수업, 공예수업, 강의도 듣고 싶고, 대학원도 가고 싶고 이 일 저 일 다 해보고 싶다.) 지금 현실은 아이 둘을 키우고 있는 임산부이고, 시골에 살아서 이동의 제약도 있는 상황이다.

그 많은 걸 다 하려면 솔로여야 하는 건가 싶을 정도다. 이것도 저것도 하고 싶어, 빨리 빨리!

이런 마음이 드는 날이 종종 있다. 이만하면 넘치도록 충분히 잘하고 있다고 생각하다가도 조급증이 드는 날이 있다.

신랑은 철인3종을 한다. 종종 대회에 나가서 수영, 자전거, 달리기 종목을 뛴다. 누구와의 경쟁보다 자신의 기록, 완주에 목표를 둔다. 철인대회에서는 상위 클래스인 아이언맨대회가 극강인데 많은 사람들이 이걸 목표로 대회를 업그레이드하기도 한다.

나 : 자긴 아이언맨대회 안 나가?

신랑 : 천천히 하려고. 지금 다 이루어버리면 늙어서 이룰 목표가 없잖아.

나 : 아….

그렇지, 지금 하고 싶은 거 너무 많다. 그런데 난 아직 젊은 30살 중반이다. 70살, 80살까지 하고 싶은 거 다 할 수도 있는데, 조급증 낸다고 지금 할 수 있는 것도 아니잖아.

하고 싶은 목록이 있고 그걸 하나씩 해나가는 데 의의를 둬야지 조급해하지 말자. 무얼 당장 이루는 것보다 하루하

루 살아가면서 내 페이스대로 즐기면서, 오래 즐거운 인생
살아야지.

힘내지 마

신랑은 당직이고, 날씨는 흐리고, 내 몸은 임신한 뒤로 더욱 처진다. 다행히 아이들이 오늘은 나가자고 안 해서 조용히 집에 있다.

아들 둘은 주말에도 새벽부터 일어나서 온 집을 뒤집고 다니며 잘 놀았다. 이럴 때마다 형제라 얼마나 감사한지. 물론 중간중간 싸워서 훈육해야 하지만…. 오늘은 내 몸이 너무 처져서 종일 누워 있다시피 하며 자다가 깨다가 그랬다.

왜 이렇게 처지지? 의심하면서 겨우겨우 아이들 세끼 먹이고, 잠시 동네 같이 나갔다 오고 다시 또 누웠다. 그러다가 잠자기 전에야 같이 앉아서 그림 그리며 대화를 하고, 침대에 누워서 이야기를 조금 나누다 잠든 것이 전부다. 오늘은 그랬다.

몸이 말을 안 들으니 정신적으로 처지는 건지, 정신이 문제라 몸이 처지는 건지 알 수 없는 날인데 이런 상태를 신랑에게 카톡하니까 아주 좋은 답이 왔다.

"음… 힘내지 마."

그래 내가 일부러 힘내야 된다고 생각하니까 더 기분이 안 좋은 거다. 이런 날도 있다고 넘기면 되는 것인데 굳이 힘내야 한다는 압박이 있어서 오히려 감정이 깊어지는 것 같다. 아치피 내일은 또 어떤 상태일지 모르니, 우선 이런 날은 자야 한다. 이런 날도 저런 날도 있는 거니까.

어떤 날은 모든 걸 하고 싶고 더 많은 걸 하고 싶다가도, 어떤 날은 모든 걸 하기 싫은 날도 있는 거니까.

사람이니까.

나홀로 게스트하우스

여행 가고 싶지만 셋째를 임신해서 몸도 힘들고 차도 오래 못 타고 여행비 모아놓은 것도 없고 해서 혼자 가까운 게스트하우스에 왔다. 아기 낳으면 당분간 혼자 못 떠날 것 같아서….

아이 낳기 전에 많이 돌아다녀야지 생각한다. 멀리 가지 않아도 게스트하우스에서의 시간은 충분히 여행욕구를 충족시켜 준다. 관광지를 돌아볼 건 아니라 거의 게스트하우스에서 책 읽고, 자고, 글 쓰고, 동네 산책하며 시간을 보내지만, 3만원에 깨끗한 잠자리와 조식을 얻을 수 있으니 감사하다.

호텔은 솔직히 비싸서 못 가고 옛날부터 게스트하우스 여행에 익숙하기에 좁은 침대도 공용공간도 편안하다. 오히려 홀로여행에 대한 연대의식도 생겨서 쉽게 대화도 되고 함께 있는 분위기도 편안하다. 어딜 가느냐가 목표가 아니라 혼자, 여유롭게, 그냥 있는 것이 좋은 나에겐 딱 맞춤이다.

여행을 가고 싶다면, 요즘엔 도시에도 게스트하우스가 많으니까 인근 게스트하우스에서 하루를 보내는 것도 추천하고 싶다. 큰돈 들이지 않고, 많은 시간 쓰지 않고 여행 느낌만끽할 수 있다.

종종 사라지는 엄마를 이해하는 나이가 된 첫째 아들은 엄마는 여행 가고 아빠랑 동생이랑 셋이서 논다고 신나 하는 눈치다. 살짝 서운해지려고 한다. 아들은 엄마는 다시 돌아올 것이라는, 경험에 근거한 믿음으로 기분 좋게 안녕을 외친다.

"엄마 글 쓰고 일해야 돼서 나갔다 오는 거야"라고 하니,
눈을 반짝이며 "잘 갔다 와요. 우리들 책도(그림책) 만들어줘
요"라고 말한다.

내 일을 존중받는 것 같아서 좋았다.:)

지금을 산다

신랑은 버스가 다니지 않는 외진 곳으로 출근을 해서 보통 차를 타고 가는데, 오늘은 자전거를 타고 갔다. 나에게 차가 있는 날이다. 보건소랑 치과를 가야 해서 승용차로 15분 거리의 시내를 왔다 갔다 했다. 치과 진료가 끝나고 그냥 집에 돌아가기는 영 아쉬워서 좀 더 달려 내가 좋아하는 카페에 갔다. 굳이, 오늘 좀 피곤한데 집에 가서 쉬어도 될 법

한데, 아이들 돌아오려면 그리 많은 시간 남은 것도 아닌데 굳이, 집이 아닌 반대방향으로 달리는 나를 보며 대단하다 싶었다. 차 있을 때만 혼자 갈 수 있는 내가 좋아하는 카페. 임산부이고, 저질체력에, 할 일도 많은데. 나는 참 순간을 사는구나, 즉흥적이구나 싶다.

20대 때에는 미래 계획을 세우고, 미래 걱정을 하느라 많은 시간을 보냈다. 다음에 뭐 하고 뭐 하고, 내년에 뭐 하고, 몇 년 뒤에 뭐 하고, 계획이 너무 많았다. 계획하느라 불안했을지도 모른다. 과거 반성과 미래 계획도 중요하지만 가장 중요한 건 지금을 사는 것인데, 과거 후회와 미래 계획에 더 많은 시간을 보냈던 20대였다.

그런데 어느새 나는 현재를 살고 있다. 터닝포인트라고 하자면, 결혼이었다. 한곳에 오래 머물며 살았다면, 한 달 뒤에 하지, 내년에 하지, 5년 뒤에 하지 생각하며 미룰 수 있는 일도, 신랑 직장을 따라 언제 여기를 떠날지 모르니까 바로 실행에 옮기게 되었다.

이 계절에 이 바다, 이 산은 올해 지금 즐겨야 한다는 생각으로 주말에도 나들이를 다닌다. '내년에 꽃놀이하자'라고 하기에는 우리가 그때 여기 없을 수도 있으니까. 어쩔 수 없이 우리 가족은 현재 지금 계절을 느끼며 살아간다. 미래를 예측할 수 없는 불안정한 생활이기도 하지만, 한편으론 현재에 충실하게 해주는 삶의 방식으로 자리잡았다는 점에서 좋은 면도 있다.

이런 배움(?)은 단순히 '계절과 이 동네를 지금 즐기자'라는 생각에 그치지 않고 삶 전반에 영향을 미친 것 같다. 앞으로 아이를 낳으면 마음껏 카페를 갈 수 없다는 것을 두 아이를 키우면서 경험했기에, 시간 있고 차가 있는 지금 좋아하는 카페로 짬을 내서 달린다.

책방을 시작한 것도 어차피 5년 10년 예상할 수 없는 인생이니 지금이라도 충실하자 해서 했다. 아무리 예상해도 내 뜻대로 인생이 흘러가지 않는다는 것을 알게 됐기에, 수많은 변수들에 굴복하기보다는 그냥 변수가 생기면 변수려니~ 하면서 현재를 살려고 하는 것 같다.

비밀책도 셋째 임신으로 갑자기 중단하게 될 줄 예상했겠는가. 인생은 어차피 내 계획대로 안 된다. 한달 한달 충실히 할 수 있는 만큼, 할 수 있는 때에 할 뿐이지.

스스로 생각해도 임산부가 뭘 그리 열심히 사는가 하는 날도 있는데, 아이 태어나면 더 못 움직인다는 걸 아니까, 뱃속에 있을 때가 편한 것을 아니까.

난 오늘도 지금을 산다. 욜로족은 아니지만 현재를 충실히 살아가다 보면 내가 가고 싶은 길에 닿아 있게 된다는 걸 조금씩 알아가고 있다. 미래 걱정은 줄고, 지금을 살고 있다.

무슨 일을 시작하려는데

페이스북 창시자인 마크 저커버그의 하버드대 졸업 축하 연설 영상을 보면서 이 말이 참 좋았다.

"시작할 때는 아무도 모릅니다.
오직 행동하는 과정에서만 명료해질 뿐입니다."

미니멀라이프도 서점도 시작할 때는 처음이라 막연했다. 하고 싶다는 열망 하나로 움직이면서 구체적인 방식은 시간이 흐르면서 알게 되었을 뿐. 처음부터 모든 매뉴얼을 가지고 시작하는 일은 없다.

모든 매뉴얼과 완벽한 예상치로 시작하는 일은 어차피 일하는 과정에서 성장도 없을 터.

약간 막연한 일을 해보는 건 처음 가는 여행지로 떠나는 느낌이다. 두려움과 설렘 사이. 앞으로 난 얼마나 그런 여행을 많이 할는지.

시작할 때는 아무도 모릅니다.
오직 행동하는 과정에서만
명료해질 뿐입니다.

멋진톰
FAQ

Q
살림, 육아 하느라
내 시간이 없어요.

A

저는 잘해야지 하는 부담을 내려놓기 시작했어요. 사회에서 너무 많은 것을 요구해요.

살림은 해도 어차피 티도 안 나는데 살림도 잘하고 육아도 잘하고 돈도 벌어야 한다는 사회적 암묵적 요구에 눈을 돌리려고 애씁니다.

청소기 이틀에 한 번, 삼일에 한 번 돌려도 병 안 걸린다 생각하고, 아이들 하루쯤 대충 먹여도 잘만 큰다 생각하면서 내가 숨쉴 틈을 줍니다.

그리고 저는 단순 수다모임 등은 잘 안 하고 독서모임, 자영업자모임 등 정해진 시간을 두고 만나는 모임 위주로 관계를 만들어서 대인관계 욕구도 풀면서 내 시간도 확보했어요.

Q

블로그, 인스타그램 등
글 쓰는 능력은 어떻게 생기나요?

A

SNS 글쓰기는 독박육아 시절, 어찌 보면 살기 위해 시작한 것 같아요. 잘 쓰든 못 쓰든 꾸준히 게시물을 올리는 게 좋은 것 같아요. 하루에 하나라도 기록하던 습관이 책방 운영에 큰 도움이 되었거든요.

책방은 작은 소도시 변두리에 접근성이 매우 떨어지는 곳에 있어 찾아오는 손님이 없는 날도 많았어요. 마케팅에 투자할 돈도 없었죠. 신랑이 번 돈은 생활비하기도 빠듯하니까요. 그래서 홍보는 블로그나 인스타그램 밖에 할 수 없었는데 블로그는 꾸준히 해와서 매일 글을 쓸 수 있었지만, 인스타그램은 책방 하면서 처음 시작했는데 사진 잘 찍어서 보여주는 게 홍보의 반 이상을 차지하더라구요. 저는 사진을 못 찍는데;;;

사진도 잘 못 찍고, 세련된 인테리어도 못해서 사진발도 안 받을 바에는 수시로 노출하자는 전략으로 매일 여러 컷의 사진을 올렸어요. 검색률을

높이기 위해 해시태그를 많이 달았습니다. 질이 안 되면 양으로 승부하자는 마음으로 인스타그램에 수시로 사진 올린 거지요.

그리고 블로그에 포스팅하는 것도 아무리 늦은 밤이라도 감기는 눈을 비비며 한 페이지라도 글을 쓰고 잠들었어요. 대단한 사진과 글이 못 되었기에 수시로 노출해서 홍보하는 것이 가장 좋더라구요. 아무래도 사진을 자꾸 보면 궁금해지고, 사고 싶고, 찾아가보고 싶어지니까요. 돈과 능력으로 커버 안 되니 저는 한 페이지라도 매일 쓰고 올린다는 끈기로 SNS를 했던 것 같아요.

무엇이든 꾸준히 하면 실력이 느는 것 같아요. 대단한 작가라고 이름난 무라카미 하루키, 김영하 작가도 꾸준히 매일 출근하듯이 글을 쓴다고 하니까요. SNS 글쓰기도 마찬가지 같아요. 처음엔 완벽한 게시물을 올리는 것보다, 매일 한 개씩 꾸준히 기록하는 걸 목표로 삼아보세요. 점점 글쓰기가 익숙해질 거예요.

멋진롬
FAQ

Q
멋진롬님의 실행력은
어디서 나옵니까?

A

일단 해보자, 안 되면 말고라는 생각을 하기 시작했어요.

해도 후회, 안 해도 후회라면, 우선 해보고 후회하자고 생각하면서 더 많은 일을 저지르는 것 같습니다. 스스로 꾸준히 하는 데는 한계가 있어서 블로그에 하고 싶은 일을 공지해 버립니다. 얼굴 모르는 사람들이 보고 있지만, 누군가 보고 있다, 내 말을 들었다는 사실만으로도 내 말에 책임지기 위해서 움직이게 되더라구요. 그래서 종종 내가 왜 미리 공지해서 이 고생을 하지? 하는 생각도 했는데 덕분에 한발씩 앞으로 나아가고 있더라구요.

그리고 60대에 새로운 일 투자해서 돈을 날리면 다시 회복하기 힘들 수 있지만 아직 나는 30대니까 일이 잘못되더라도 아르바이트를 해서라도 벌 수 있는 몸이 있으니 사고치려면 젊을 때 쳐야 된다는 생각으로 저지르는 것 같아요. 약간의 철없음이 하고 싶은 일 벌일 때는 좋네요.

세번째 책, 세번째 출산!

작은엄마랑 이야기하다가 "저 앞으로 뭐 할까요?"라고 물어보았다. 작은엄마는 "꼭 뭘 해야 돼?"라고 하셨다. 내 대답은 "네"였다. 주변에서도 나에게 같은 질문을 한다. "꼭 뭘 해야 돼?" 응 맞다, 난 그냥 이런 사람이었다. 꼭 뭔가 해야 하는, 뭔가 할 때 신나고 재미있는 인간. 슬로라이프, 천천히 살기 등 여유로워 보이기 위해서 안 할 이유 없으니, 계속 생긴 대로 편하게 살기로 했다.

처음 아이 키우는 거니까 실수도 많고, 후회되는 순간들도 많았다(앞으로도 계속 이런 반복이겠지). 신랑도 자주 없으니 내가 좀 더 육아에 몰입했어야 했는데, 어떤 날은 밖에 나가서 일만 안 했지 한시도 내 일을 놓은 적 없는 엄마였다는 것이 아이에게 미안하기도 했다. 그런데 또 한편으로 내가 그렇게 시간을 보냈기 때문에 내가 지금까지 살아낸 거였다는 생각도 든다. 일과 나만의 삶을 좋아하는 내가 아이만 바라보고 있었다면 아무리 아이가 예뻐도 분명 감정의 땅굴을 파고 있었을 것이다. 내가 행복해야 아이도 웃으면서 볼 수 있다.

다시 첫 육아 시기로 돌아간다고 해도, 역시 난 아이와 내가 좋아하는 일들 가운데서 어느 것 하나 포기하지 않고 나답게 살아갈 것이다.

이 책이 출판될 때쯤이면 셋째아이가 태어나고 또 새로운 육아가 시작된다.

출산 준비로 바쁠 시간에 나는 세번째 책을 쓰고 있고, 과

학서적과 경영서적을 읽고 있다. 아이를 잘 키워내는 것도 중요하지만, 내 성장도 아이들의 성장만큼 소중하니까. 그래서 난 오늘도 아이들과 함께 놀이터에서 놀고, 혼자 책상에 앉아서 한 장의 그림을 그리고, 한 페이지의 글을 쓴다.

지금 내가 할 수 있는 것은 이것으로 충분하다 생각하면서 육아와 일 사이에서 균형을 맞추어간다. 어느 하나에 올인해서 넘어지지 않도록 말이다.

너무 내 페이스대로 살아서 이제는 그냥 내 멋대로인 삶 같으나, 그렇다고 의무를 던져버리지는 않는 절제된 삶을 위하여.

▸ **one month one Book, 비밀책 프로젝트**

한 달에 책 한 권을 선정해 제목을 공개하지 않고 책의 키워드만 알려드린 뒤
정해진 기간에 온라인 주문을 받아 책을 포장해서 보내드리는 프로젝트입니다.

비밀책 프로젝트 리스트(가나다순)

《괜찮아지는 중입니다》

안송이 | 문학테라피, 2018

스웨덴에 살고 있는 한국인, 한 엄마, 여자의 이야기. 평균적인 기준으
로 볼 때는 굴곡이 있는 삶 같지만 담담하게 잘 살아내는 그녀의 이야
기가 편안하면서 희망적으로 들려 추천했습니다.

《나의 페르시아어 수업》

마리암 마지디 | 달콤한책, 2018

이 소설은 빠르게 읽히는 속도감도 있지만, 글을 곱씹으면 한줄 한줄 문학적으로 아름답기도 합니다. 자전적 소설이라서 현실인지 허구인지 구분이 안 되기도 하는데요. 이 책을 받고 읽으신 분들이 여운이 많이 남는다는 이야기를 하셨습니다.

《달빛 아래 가만히》,《우리는 사랑을 사랑해》

김종완 | 독립출판물, 2018

담백하고 따뜻한 글이 가을과 잘 어울려서 가을바람이 부는 날 소개했습니다. 작가분이 직접 프린트하고 제본해서 판매하는 독립출판물 단상집입니다. 글도 좋지만 한권 한권 수작업하였기에 책이라는 물성 자체도 소중하게 다가옵니다.

《당신이라는 안정제》

김동영, 김병수 공저 | 달, 2015

이 책의 시작은 우울입니다. 그런데 그 뒤에 위로와 치유가 있어 소개했습니다. 나는 씩씩하니까 괜찮아,라고 생각하며 나와는 상관없다고 생각했던 감정. 우울이란 것에 대해서 직시하게 되었고, 또 희망적인 메시지도 읽게 되어서, 내 주변의 외롭고 우울하고 심리적 병을 앓는 사람들을 좀 더 돌아보게 되고, 이해할 수 있었습니다.

《마녀체력》

이영미 | 남해의봄날, 2018

당장 운동하고 싶게 만드는 책입니다. 작가는 원래 운동을 좋아했던 사람이 아니라서 나같이 운동 싫어하는 사람도 글에서처럼 운동을 시작하다 보면 즐길 수 있겠구나, 동기부여를 주는 책입니다. 운동 이야기뿐 아니라 운동을 한 뒤에 경험한 개인적인 삶의 변화에 대해서도 이야기하고 있어서 끝까지 지루하지 않게 읽어나갈 수 있습니다.

《우아하고 호쾌한 여자 축구》

김혼비 | 민음사, 2018

취미로 축구를 시작한 작가의 이야기입니다. 여자의 이야기지만 통상 남자들이 더 잘 알아들을 낯선 축구 용어들 사이에서 웃다가 진지해졌다가 유쾌해지는 책입니다.

《읽는 삶, 만드는 삶》

이현주 | 유유, 2017

저는 책을 통해 그간 이해하지 못했던 부분들을 이해하게 되고, 마음의 폭도 점차 넓어진다고 생각합니다. 특히 나와 다른 사람, 나와 다른 분야의 책을 읽을 때 그 확장작용이 더 활발하게 일어나지요. 이 책 또한 작가를 성장시키고 변화시켜 온 책들에 대한 이야기가 담겨 있습니다. 읽다 보면 작가가 읽었던 책들이 궁금해지고 찾아서 읽게 됩니다.

《제가 이 여자랑 결혼을 한 번 해봤는데요》

오사장 | 독립출판물, 2018

'오키로북스'라는 독립서점에서 발행한 독립출판물로 서점 사장님의 신혼 일기를 담았는데요. 낭만과 사랑이 넘치는 책이 아니라 불평불만과 함께 그 바탕에 사랑이 깔려 있는 유쾌한 책입니다. 가볍게 읽기 좋으면서, 이렇게 즐겁게 살고 싶다는 여운을 남깁니다.

《한 글자 사전》

김소연 | 마음산책, 2018

한 글자로 된 단어를 통해 그 뜻을 깊고 넓게 풀어내는 이야기입니다. 한 페이지에 많은 글이 있는 것이 아니기에 짧은 호흡으로도 읽어갈 수 있고, 마치 시집을 읽는 것처럼 단어 하나하나를 곱씹게 해주는 따뜻한 책입니다.

왕초보 7일 완성 손글씨

유제이캘리(정유진) 지음 |
16,600원
(연습장 포함 특가)

7일 후 악필도 부끄러움도 사라져요

인스타 No.1 캘리그라퍼 비법 전수!
엄마도 아이도 7일이면 예쁜 글씨 완성!

★ '유제이 캘리' 3가지 특징 ··············

왕초보도 쉽다! 유제이 서체!	글씨가 예뻐진다! 최적의 펜 각도!	단숨에 끝낸다! 쾌속 꿀팁!
누구나 쉽게 쓰는 유제이 서체	펜 잡는 각도만 알아 도 글씨 교정 가능!	검증된 수업 내용이 TIP으로 쏙쏙!

왕초보 월백만원 부업왕

월재연부업왕 지음 | 15,000원

스마트폰으로 제2의 월급 만드는 하루 10분 실천법

40만 회원 월재연 NO.1 네이버 재테크 카페 인증!
취업난, 헬물가, 퇴직압박에도 흔들리지 않는 부업 재테크!

★ 왕초보도 월 100만원 버는 부업왕 3단계 ············

1. 짬짬 부업왕, 월 40만원! 은행이자보다 높은 포인트 적립
2. 절약 부업왕, 월 20만원! 스마트폰 활용 공과금 절약
3. 현금 부업왕, 월 40만원! 상품권, 기프티콘, 물건 현금 전환

심정섭의 대한민국 학군지도

심정섭 지음 | 23,000원

자녀교육+노후대비 최고 해결사! 똑똑한 아파트 찾기!

- 학업성취도 100위 학교 철저분석!
- 우수학교 배정아파트 시세분석!
- 〈부록〉 최신 입시경향 트렌드 7가지

★ 학군지도 3가지 효과 ··························

1. 왕초보 엄마아빠도 학군 전문가로 변신!
  '학교알리미' 사이트 200배 활용법 대공개!

2. 전국 명문학군 아파트 배정표+시세표를 한눈에!
  전국 16개 명문학군 학교, 아파트, 학원가 철저분석!

3. 대학 입시 흐름을 한눈에!
  복잡하고 어려운 입시를 7가지 트렌드로 총정리!

심정섭의 대한민국 입시지도

심정섭 지음 | 19,800원

**수능, 내신, 학종 3갈래
우리 아이 지름길 찾기!**

- 20년차 대치동 입시전문가의 교육 로드맵!
- 상위권, 중위권, 하위권별 입시전략 대공개!
- 변하는 입시제도에도 흔들리지 않는 부모내공 기르는 법!